天皇は「元首」である

竹田恒泰
Takeda Tsuneyasu

産經新聞出版

まえがき

令和元年十月二十二日、天皇陛下には即位礼正殿の儀を恙《つつが》なくお取り納めになった。臣民の一人として、慶賀の至りに存じる次第である。この巻頭言を書いている令和元年十月の時点でも、令和の皇室は、既に多くの国民から敬慕の念を集める存在となっていて、また国外からも称賛の声が聞こえてくる。実に喜ばしく誇らしいことである。

二十年に一度行われる伊勢の神宮の式年遷宮では、新しいお宮に御神体が遷《うつ》されると、昨日まで真新しく趣の無かったお宮が、一夜にして神々しく見えるようになる。それと同じように、装束を纏《まと》った新天皇陛下のお姿を拝見して、昨日までの「皇太子殿下」とは別次元の御存在におなり遊ばしたのだと感じた。皇嗣《こうし》が天皇にご即位になることを古くは「登極《とうきょく》」ともいったが「極みに登る」とはまさにこのことか、と思った次第である。

これは偏《ひとえ》に、上皇上皇后両陛下が国民に寄り添い、国民から敬愛される皇室をお築きになったこと、そして、天皇皇后両陛下が将来の大役を担うために、長年に亘《わた》る皇太子同妃時代に弛《たゆ》みない努力を積んでいらっしゃったことの賜物であると思う。

しかし、ここに至るまでの道は、決して平坦な道ではなかった。昭和の後を受け継いだ平成の時代は、国際社会が大きく変動するなかで、日本国民の価値観も大きく変化した時代でもあった。特に若い人にとっては、学校で天皇や皇室について学ぶ機会も無く、皇室に対する無関心が拡大し、国家観が薄らいだ時代でもあった。

連合国に占領されて物事の価値観が一気に転換した昭和の時代とは異なり、平成の時代は、ゆっくりと価値観が変化する時代で、昭和とはまた違った難しさの有る時代であったと思う。

それでも上皇上皇后両陛下が、常に国民に絶大なる関心を向け、国民に寄り添う努力を積み上げていらっしゃったことで、昭和と平成を通して変わらぬ「天皇と国民の絆」が保たれ、そしてそれが令和という新しい時代に引き継がれたことを嬉《うれ》しく思う。

とりわけ、令和への御代《みよ》替《が》わりで、普段皇室に興味が無かった中高生たちが、皇室に興味を持ち始めたことは大きな意味がある。ある通信社の世論調査で、若い人ほど元号を使っている実態も分かった。その人たちが大人になって大切なことを次世代に伝えてくれることを期待したい。

上皇陛下の譲位への思いが示されてからというもの、譲位を巡って様々な議論が交わされた。譲位自体の可否、譲位の方法、元号や三種の神器その他関係する多くの事柄が議論されたことは誠に結構なことである。

しかし、政治は妥協の産物である。今回は内閣法制局の強い意向により、歴史上の慣習が限度を超えて捻《ね》じ曲げられた所が随所に有り、とても後世の先例にできない点が散見される。およそ七割は守れたものの、三割程度は反皇室勢力に明け渡してしまった領域が有った。安倍晋三《あべしんぞう》内閣ですらこの様子であるから、別の内閣であったらどうなったであろうか。想像しただけでも恐ろしい。まして民主党政権時代に代替わりがあったなら、この程度では済まされなかったろう。

皇室制度が政治の場で議論される度に、今回のように、野党ではなく内閣法制局という政府の中枢部から、伝統を破壊する制度変更が行われたことを国民は記憶しておくべきである。

たとえ一回の議論で僅《わず》かの妥協をしたつもりでも、一〇〇年や二〇〇年の長い期間で見れば、大幅な妥協に膨れ上がる。普通の政治課題であれば良いが、皇室に関していえば、未来永劫に皇室を保ち続けることができるか否かが問われている。そのような観点で考えれば、皇室制度に関しては、一ミリも妥協してはいけないのである。

今回は一ミリどころか、大幅に伝統が捻じ曲げられた。例えば、伝統的には「譲位」とすべきところ、「退位」と「即位」に分離された結果、三種の神器が渡御《とぎょ》することの意味合いが隠されてしまったこと、元号が代替わり前に公表されたこと、「太上《だいじょう》天皇」を正式名称とせず「上皇」という略称が正式名称にされてしまったこと、大嘗祭《だいじょうさい》の建物が一部プレハブにされたことなど、枚挙に遑《いとま》が無い。詳細は本書本文に記したので参考にして頂きたい。

また、令和の皇室が乗り越えなければならない試練も有る。おそらく最大の課題は、皇位継承を安定化させることであろう。また、令和の時代も、平成の時代とはまた違った価値観の変化が起きるであろうが、そのなかで「天皇と国民の絆」を保ち、我が国に国柄を次世代に繋《つな》いでいくことも、大きな課題となるであろう。

かつて、天皇を廃止し国体を破壊しようとする試みは、一見分かりやすい極左活動家たちによって行われた。しかし、近年は、さも皇室の理解者であり保護者であるように装った人たちにより行われていて、彼らが盛んに皇室を変質せしめようとしている。「親しみやすい皇室」「開かれた皇室」「皇族にも人権を」「国民生活への負担軽減」というフレーズは、全て、皇室を貶《おとし》める活動のスローガンとして機能している。

そのため、天皇を廃止し国体を破壊しようとする人たちから、皇室と国家を守ろうとする戦いは、既にステルス戦に発展していて、敵が誰であるかを見極めることも難しい。本当の敵は、共産党や活動団体にいるのではなく、政府中枢、報道機関、民間企業、学校その他あらゆるところに分布していて、その人たちの顔も姿も分からないのである。また彼らの多くは、自ら国家破壊活動に加担していることに気づいてすらいない。令和の時代の皇室を守るためには、先《ま》ずこのような「戦局」を理解するところから始めないといけないのである。

こういった試練は、両陛下や皇族方のお力だけで乗り越えられるものではない。両陛下は常に最大限の努力をして下さるが、私たち国民も日本の国柄を保つために最大限の努力をしなければならないのではないか。天皇陛下は常に国民に絶大なる関心を寄せて下さる。それに対して私たち国民も皇室に対して大きな関心を持ち、皇室を知る努力を積み上げていきたいと思う。

雑誌『正論』の連載「君は日本を誇れるか」が始まったのが平成二十六年（二〇一四）五月号であるから、令和元年五月で満五年となった。毎回、好きなテーマで書かせて頂いているので、話題の幅は広いが、皇室をテーマとした原稿だけでもかなりの分量になった。

思えばここ五年で、皇室にはいろいろな出来事が有った。上皇陛下の譲位のご意向が発せられて、国民的議論を経て特例法が成立し、譲位に至ったことは最も大きい出来事であった。それ以外にも、皇位継承問題、皇族方の御結婚、天皇陵の調査の問題などなど、皇室に関連する話題について記事を書いた。

令和の天皇陛下がご即位遊ばすこの令《よ》き年に、この連載の皇室に関する記事を取りまとめて上梓することにしたのが本書である。私の専門領域は憲法学なので、憲法学的な視点から皇室を論じることが多かった。そのため本書の題名はこのようになった。

月刊誌の連載なので、直近で話題になったことについて取り上げて記事にしたことが多い。当時の臨場感を残すため、時制や肩書は原文のまま残し、必要に応じて注を加えた。本書をまとめるに当たって新たに加えた注は〔　〕で括《くく》った。読みやすくするため、あるいは誤りを正すために若干の修正は加えたが、基本的には原文をそのまま掲載している。

また、何年の何月号の掲載であるかは、それぞれの末に出典を明記した。

令和の皇室を考える上での一助として頂ければこの上ない喜びである。

天皇弥栄《すめらぎいやさか》

令和元年神嘗月《かんなめづき》吉日

竹田恒泰

天皇は「元首」である　◎目次

まえがき

序章　令和の天皇像と皇室の重要課題　19

本当に大切なのは「何を変えないか」／「歴代天皇のなさりよう」／皇后像の押し付けは厳禁／いかに皇族を確保するか／旧宮家の活用法

第一章　条文の深意は行間にあり

なぜ明治以降に譲位がなかったのか　32

違和感を覚えたNHKのスクープ／譲位を可能にするために／皇室典範改正か特措法か／「御意向」は伺っても伺わなくても問題

行間を読む必要がある憲法第二条……44
国語的な解釈だけなら法学者は不要／皇室典範の最後に新しい条文を／特措法はシンプルなものに
矛盾がある譲位の制度化……53
摂政では問題は解決しない／天皇が内容を決定できる国事行為は無い／御意思を譲位の要件とするには憲法改正
天皇の「空位」は避けよ……61
退位と即位が「別日」は不自然／なぜ「譲位式」では駄目なのか／改元は別日でも問題ない
皇室行事の簡略化を憂う……68
譲位前の新元号公表は原則に反する／国民は負担と思っていない／忠臣のふりをする人々の恐ろしさ
「退位」は詭弁～特例法と竹田試案……76

第二章　憲法第一条の重み

平成と昭和で「象徴」は変わったか …… 82
陛下の宸襟を悩ますもの／「広ク会議ヲ興シ万機公論ニ決スベシ」／病床での昭和天皇の祈り

天皇は「象徴」であり「元首」である …… 90
象徴の意味とは／押し付け憲法でも象徴規定は怪我の功名／「元首」と認めない憲法学者

ルパン三世が天皇になれない理由 …… 97
天皇が天皇であることの証／三種の神器を入手しただけでは駄目／大嘗祭で「完全な天皇」が成立

大嘗祭と憲法の関係 …… 104
祭祀の詳細は「秘儀中の秘儀」／天皇は平等原則の「例外」／「御手元金」なら良いのか

昭和天皇の御真影……111
「表現の自由」の問題ではない／「検閲」を持ち出す無知／日章旗を毀損しても罪にならない不思議

第三章　皇室制度と男系維持

皇室典範に口を挟む国連……120
女子差別撤廃委の不適切な見解／男系継承は男子を締め出すのが趣旨／日本だけの押し付けなら「日本差別」

男系を守ろうとなさった三笠宮殿下……127
現皇室の礎を築いた「大殿下」／戦時中にタブーとされた軍批判／「赤い宮様」と呼ばれたが／小泉政権下の皇位継承議論／永田町を駆け巡った偽情報

女性宮家が皇室を滅ぼす……143
「弱み」につけ込んだ野党／血統の原理を変える「女系」天皇
女性皇族の結婚のハードル……150
もし息子が皇族と結婚したら／婚期逃した姫宮が辿った道／「御婚約」の政治利用は慎め
小室氏は結婚辞退を申し出るべき……158

第四章　翻弄される皇室

皇室報道から見える敬語の危機……164
「薨去」と正しく報じたのは産経だけ／民間人との差をなくす「親しみ」は不要／日本語の精神を守る「最後の砦」

幕末維新史に影響を与えた孝明天皇……172
日本史のタブーとされた研究／悩ましい気持ちを文書に／幕末の政局を作り出した天皇
早過ぎた『昭和天皇実録』……179
崩御から二十五年後の公表／『孝明天皇紀』が即公表なら政権崩壊？
天皇陵を「好奇心の餌食」にするな……187
ピラミッドや兵馬俑との違い／「世界文化遺産」の影響／陵墓に「静安と尊厳」が必要な理由
国交断絶に値する天皇への侮辱……194
昭和天皇は「戦争犯罪人」ではない／「韓国アレルギー」が蔓延／卑怯な「朝鮮論法」を許すな

第五章　新元号と日本再生

教育勅語の復活が日本を救う……204
文科相と田原総一朗氏が肯定／明治維新を完成の領域に引き上げた／実践すれば素晴らしい国になる
中学校長ブログ削除事件……212
「天皇と民が心を一つに暮らしてきた」／「矛盾」が生じる余地はない／偏向教育にこそ目を向けよ
日本人なら元号を使おう……220
使用を再開した共産党／独立国の証／西暦と併用する便利さ
元号の歴史を変えた「令和」……227
令和は意外と奥深い／他候補も意味深長／漢籍を用いて中華王朝を批判／元号廃止は日本が滅びる時

教科書一つで日本は再生する……238
初めて参加した教科書作成／占領期に削除された天皇の感動逸話／真っ当な教科書で真っ当な国家へ

◆資料編

……245
・日本国憲法（第一章のみ抜粋）
・象徴としてのお務めについての天皇陛下のおことば
・天皇の退位等に関する皇室典範特例法の概要
・即位後朝見の儀の天皇陛下のおことば
・即位礼正殿の儀の天皇陛下のおことば
・皇室の系図

序章　令和の天皇像と皇室の重要課題

本当に大切なのは「何を変えないか」

これまで、皇室は時代の変化に柔軟に対応しつつも、皇祖皇宗《こうそこうそう》から受け継いだ大御心《おおみごころ》を継承してきた。これは「変えるもの」と「変えてはいけないもの」を適切に判断してきたことを意味する。世間は変化にばかり注目する傾向があるが、本当に大切なのは「何を変えるか」ではなく、「何を変えないか」ではなかろうか。守るべきものを明確にした上で改革を実行するのが正しいものの考え方である。もし改革のための改革をしたら、それは「革命」になってしまうからである。

上皇陛下が体現なさった天皇像が語られる時、決まって、先代との違いや改革したことばかりが取り上げられる。だが、上皇陛下は昭和天皇から祭り主としての天皇の在り方や、日本国憲法に定められた天皇の在り方など、天皇の本質的な部分をそのままお引き継ぎになった。上皇陛下が時代に応じて柔軟に変化させたことは、むしろ伝統の継承を土台としているからこそ、真価があると見なければならない。日本の歴史において祭り主としての天皇は、いかに連続的で安定的であるかが問われてきたのである。

令和元年五月一日、天皇陛下は即位後朝見の儀で天皇として初めて公にお言葉を発せられた。そこには、短いながらも令和の時代の天皇像が明確に示されていた。最も注目すべきは、そのお言葉の約半分を上皇陛下のことが占めていた点ではなかろうか。

天皇陛下は「いかなる時も国民と苦楽を共にされ」「一つ一つのお務めに真摯に取り組んでこられ」などと先帝の体現なさった天皇像に触れ「上皇陛下がお示しになった象徴としてのお姿に心からの敬意と感謝を申し上げます」と仰せになった。

そしてこのお言葉は、陛下が天皇の責務を果たすとお誓いになる一文で締め括られていて、どのように天皇の責務をお果たしになるか、次のように列記されている。①「上皇陛下のこれまでの歩みに深く思いを致し」②「歴代の天皇のなさりようを心にとどめ」③「自己の研鑽に励むとともに」④「常に国民を思い、国民に寄り添い」⑤「憲法にのっとり」――の五項目である。

やはり第一に上皇陛下に思いを致す旨のことが示されていて、お言葉は全体として一貫性がある。しかも、この五項目は全て上皇陛下が体現なさったことではなかったか。天皇陛下は、上皇陛下の体現なさった天皇像をそのままお引き継ぎになるとお誓いになったと見て良いであろう。

では伝統を引き継ぐだけで何も変更は無いと宣言なさったのかといえば、そうではない。④の「国民に寄り添い」という部分こそが、時代の変化とともに柔軟に変化する部分であるといえる。

例えば、歴代天皇で、初めて日本各地をご訪問になったのは明治天皇であったし、戦後の全国巡幸において群衆の中にお入りになり、災害の被災地をご訪問になり、初めて被災者に直接お声をお掛けになったのは昭和天皇であった。そして、被災地で膝を着けて目線を下げて国民と対話なさったのは上皇陛下であった。いずれも大きな変化であったといえる。このように、上皇陛下の国民に寄り添うお姿は、歴代天皇のなさった創意工夫をお引き継ぎになってこそ体現なし得たものと拝察される。

「歴代天皇のなさりよう」

お言葉の中でもう一つ注目したいことがある。それは先述の五項目の②である。天皇陛下は「歴代の天皇のなさりようを心にとどめ」て、天皇としての責務をお果たしになるとのお考えである。上皇陛下が即位礼正殿の儀で発せられたお言葉にはこの一文は無かったので、天皇陛下は強いご意志をもって「歴代の天皇のなさりよう」に言及なさったものと思われる。

天皇陛下は、皇太子時代にも歴代天皇について言及なさることがあった。皇太子時代の平成二十九年（二〇一七）二月二十一日のお誕生日（二月二十三日）に際しての記者会見で、「象徴天皇の在り方」について、「時として人々の傍らに立ち、その声に耳を傾け、思いに寄り添うことも大切なことと考えて来ました」という上皇陛下のお言葉に触れつつ「過去の天皇」も同じお気持ちをお持ちになっていらっしゃったと、後奈良《ごなら》天皇の事例をお示しになった。

後奈良天皇は、疫病で多くの国民が命を落とした際に、都を離れることが叶わず、宸筆《しんぴつ》（天皇の直筆）の般若心経《はんにゃしんぎょう》を全国の一宮に奉納なさったことが知られている。現存する一部の奥書には、自らの不徳を詫びる悲痛な言葉が書き記されている。天皇陛下は、後奈良天皇以外にも、疫病等で納経なさった天皇として、嵯峨《さが》天皇、後嵯峨《ごさが》天皇、伏見《ふしみ》天皇、後《ご》光厳《こうごん》天皇、後花園《ごはなぞの》天皇、後土御門《ごつちみかど》天皇、後柏原《ごかしわばら》天皇を挙げ、次のように仰せになった。

「私自身、こうした先人のなさりようを心にとどめ、国民を思い、国民のために祈るとともに、両陛下がまさになさっておられるように、国民に常に寄り添い、人々と共に喜び、共に悲しむ、ということを続けていきたいと思います」

この記者会見でのお言葉が、即位後朝見の儀のお言葉に表れていると思われる。上皇陛下と歴代の天皇のなさりようを心にとどめつつ、天皇の務めをお果たしになるとの天皇陛下のお考えに、伝統を継承する責任感、皇統を受け継ぐ意識を垣間《かいま》見ることができよう。

皇后像の押し付けは厳禁

このように令和の時代の天皇像は、平成の時代の天皇像を受け継いだものになると思われるが、皇室の重大な課題も残されている。一つは皇后陛下の御活動についてである。

令和初日の五月一日、皇后陛下は礼装のローブデコルテをお召しになり、即位後朝見の儀にご出席になった。その後も、四日の一般参賀にもお出ましになったほか、八日には十七年振りに宮中三殿を御参拝になった。このように、順調に皇后としてのお務めを果たしていらっしゃる。

思えば、皇后陛下は精神的なトラブルにより長期間ご公務を離れていらっしゃった。ここ数年は、徐々にご快復になり、お出ましの頻度も格段と多くなったようにお見受けする。

このまま何の障りもなくお過ごしになったなら良いが、もし今後ご公務をお休みになるようなことがあっても、私たち国民は静かにお見守り申し上げることが肝要である。「皇后はこうあるべきだ」と、あるべき皇后像を押し付けるのは良くないし、まして批判するなどもってのほかである。

精神的な問題が生じたら、そのストレスの原因を取り除くことが必要だが、あからさまな批判はそれ自体がストレスになり、事態を悪化させることにも繋がる。

また、昭和天皇が皇后と共にお出ましになるようになったのは、終戦後暫《しばら》くしてからのことだった。戦後の全国巡幸でも大半が単身でのお出掛けであり、皇后を伴うことは稀であった。皇后は常に天皇と外出しなければならないという価値観の押し付けは良くない。

宮中祭祀についても同様である。天皇は「上御一人《かみごいちにん》」とも称されるように、天皇の祭祀は、天皇お一人により完結するものであるから、仮に皇后陛下のお出ましが無くとも祭祀そのものが不完全なものになることはない。

現代の日本において、精神疾患を抱えている人はあまりに多く、特別珍しいことではない。長期間ご公務をお離れになっていらした皇后陛下が、家族の支えを受けて復帰なさるお姿は、同じような境遇にあった大勢の人たちに大きな勇気を与えたに違いない。国民が身勝手にも一方的に皇后像を押し付けるのではなく、皇后陛下が自然体でいらっしゃり、ご自分らしくお振る舞いになって頂くことが重要である。

いかに皇族を確保するか

そして、令和の皇室にとって最も重要な課題は、皇族の確保の問題であろう。このままでは、悠仁《ひさひと》親王殿下が御即位遊ばす頃、皇族の数も宮家の数も今より大幅に減少する。そうなれば、皇室の公務の担い手が少なくなる分、皇室の御活動が縮小することになり、ひいては安定的に皇位を継承していくことが困難になると見られる。しかし、皇族の人数を確保できるなら如何なる手段を講じても良いということにはならない。

以前から主張されている手段の一つは女性宮家を創設することである。現行の皇室典範によると、内親王と女王が御結婚なさったら皇族の身分を離れることになっているが、これを見直そうという主張である。具体的には、秋篠宮《あきしののみや》家の眞子《まこ》内親王殿下と佳子《かこ》内親王殿下が御結婚になっても、皇族の身分を離れず、引き続き皇族として御活動なさって頂くことを意味する。

公務の担い手が必要な状況であり、また将来天皇にお成り遊ばす悠仁親王殿下を近くでお支え下さればという思いから賛成する人も多い。しかし、内親王の結婚相手となる男性を皇族にすることには大きな問題がある。もし譲位の特例法の審議の際に、野党の主張を受け入れて女性宮家の制度を整備していたら、今頃、例えば小室圭《こむろけい》氏が皇族になっていた可能性もある。

これまで二〇〇〇年以上続いてきた皇室の歴史において、結婚により民間出身の女性を皇后とし、あるいは皇族の妃としたことは数多《あまた》の事例があるが、民間出身の男性を皇族としたことは先例が無い。もし古くから女性宮家が認められていたら、足利義満《あしかがよしみつ》、織田信長《おだのぶなが》、徳川家康《とくがわいえやす》などの有力武将をはじめ、近現代の有力政治家や起業家たちは挙《こぞ》って、自分が皇族になること、あるいは自分の息子を皇族にすることを目指したに違いない。

皇室は外の女性を受け入れることはあっても、外の男性を受け入れることはなかった。それが「男系継承」なのである。故に、男子が生まれない宮家は断絶することになる。

そして、女性宮家はさらに大きい問題を引き起こす。そのような女性宮家に生まれた男子が天皇に即位したら、それは皇位継承の根本原理である男系継承が途切れることを意味する。皇室の歴史において、天皇の子孫なら誰でも皇位継承の資格を持ったわけではない。その資格は、歴代天皇の男系の子孫に限られてきた。男系の血筋を引かない者が天皇に即位した事例は一例も無いのである。

女性天皇の子や、女性宮家の子が天皇に即位すると、その天皇を「女系天皇」というらしいが、詭弁である。男系とは「父と子」の線で繋がる系譜であるが、女系、すなわち「母と子」の線で繋がる系譜が突如創出されることはない。女系天皇なるものの母親を辿《たど》っても皇室のどこにも繋がらないのであるから、そもそも「女系天皇」という言葉自体がまやかしである。実は、男系でも女系でも何でもないものに変質するだけなのである。

本来宮家とは、いざという時に天皇を出すための家である。万世一系の皇統を安定させるために存在し、これまで数回その任を果たしてきた。皇統を担えない宮家をいくら創出しても、それは根本的に意味を為さない。ならば、皇統を担える宮家を一定数確保することを考えなければならないのではないか。

旧宮家の活用法

現状では、新たにお子様がお生まれになる可能性のある宮家は無いため、宮家は減少の一途を辿り、悠仁親王殿下が御即位になる際には、宮家は一つも無くなることがほぼ確実である。

皇統を安定させるためには、少なくとも四つの宮家を確保する必要がある。そうすれば、側室に頼らずとも、皇族の人数を安定的に確保できるようになる。そして、その方法は、女性宮家という禁じ手ではなく、戦後、占領軍の圧力により廃止された十一宮家を活用する方法を採るべきであろう。

旧宮家の未婚男子が、内親王か女王と結婚して、既存の宮家の当主となるか新宮家を立てるのが最も理想的である。この縁組は模索すべきであるも、結婚を伴う方法であるが故に強制ができず、この方法だけに頼るのは心許《こころもと》ない。

そこで、結婚を伴わない縁組にも可能性を広げると、様々な可能性が見えてくる。例えば、結婚を伴わない単純な縁組もあり得るし、若い夫婦が揃《そろ》って宮家に入ることもあって良い。

また、民間ではよく行われている特別養子縁組という方法も有ることを述べておきたい。後継者の無い宮家の当主と、旧宮家の若い夫婦との間で、予め任意で特別養子縁組の約束を取り交わし、生まれた子は直ちに宮家に引き渡し、皇族として育て、将来はその宮家の当主になってもらうということである。この方法なら生まれた直後に引き渡されるため、民間人として生活する期間は無いまま宮家で育てられることになる。あるいは、単純に旧宮家の男子を皇族に復帰させる方法も有る。このように旧宮家を活用する方法は多い。

いざとなれば天皇を立てることができる宮家を確保する道を模索するのが喫緊の課題である。令和の時代で安定的な皇位継承が可能な環境を整えるのは日本国民の責務ではなかろうか。

（令和元年七月号）

第一章　条文の深意は行間にあり

なぜ明治以降に譲位がなかったのか

違和感を覚えたNHKのスクープ

平成二十八年（二〇一六）七月十三日、NHKが「天皇陛下『生前退位』の意向示される」と報じた。天皇陛下（現上皇陛下）がその御位《みくらい》をお退きになる御意向というのは、これまで漏れ伝わることもなかっただけに、私を含め多くの人が驚いた。

NHKによると、陛下は「憲法に定められた象徴としての務めを十分に果たせる者が天皇の位にあるべきだ」と思《おぼ》し召《め》され、今後、年を重ねていくなかで、大きく公務を減らしたり代役を立てたりして天皇の位にお留まりになることは望んでいらっしゃらないという。また、皇后陛下（現上皇后陛下）はじめ、皇太子殿下（現天皇陛下）、秋篠宮殿下もこの聖旨を受け入れていらっしゃるとのこと。

この報道はNHKの単独スクープとして報じられ、「宮内庁の関係者に示されていることが分かりました」というのみで、話の出所も分からず真偽不明といわざるを得ないが、余程自信が有るようで、報道各社もこれに追従した。

私はこれだけ重大なことがNHKの単独スクープとして伝えられたことに違和感を覚えるものの、もしこの「御意向」が事実であるなら、畏れ多くも陛下は重大なご決断をなさったことと拝察する。

天皇陛下が御年七十五歳の平成二十一年（二〇〇九）から、宮内庁は陛下の御公務の軽減に取り組んだが、陛下御自身がそれに消極的であらせられたという。平成二十四年（二〇一二）の七十九歳のお誕生日の御会見で陛下は次のように仰せになった。

「負担の軽減は、公的行事の場合、公平の原則を踏まえてしなければならないので、十分に考えてしなくてはいけません。今のところしばらくはこのままでいきたいと考えています」

陛下の公的行事へのご出席を削減する場合は、継続するものと継続しないものに振り分ける必要があり、そこで不公平が有ってはいけないとのお考えと拝察される。一視同仁を大切になさる陛下のごく自然な御言葉と思える。また、陛下にお出まし頂くことは、行事の主催者にとっては格別のことであり、それが叶わなくなることを落胆する者をお気遣いになる陛下のお優しさも汲《く》み取ることができよう。「しばらくはこのままでいきたい」と仰せになったのは、一つ一つの祭祀とご公務に真摯に取り組んでいらっしゃった陛下のお気持ちが滲《し》み出るような御言葉ではなかろうか。

しかしその後、加齢について、例えば耳が遠くおなり遊ばしたこと、御公務などでお間違えをなさったことなどを、陛下御自ら言及なさるようになった。そんななか今年〔平成二十八年〕の五月にも宮内庁が陛下の御公務を大規模に縮小する計画を立てたところ、陛下の御意向により小規模な縮小に留められたと漏れ伝わる。

ＮＨＫ報道の真偽は不明だが、天皇陛下の譲位の御意向は、とても自然なことと共感し理解した者が多かったのではないかと思う。これまで陛下が一つ一つの祭祀や御公務を大切になさったそのお姿を国民は知っているからである。

譲位を可能にするために

天皇陛下の譲位を可能にするためには、法的な壁を突破する必要がある。

皇位継承については、憲法は第二条で「皇位は、世襲のものであつて、国会の議決した皇室典範の定めるところにより、これを継承する」と述べるにとどまり、詳細は皇室典範という法律に委ねている。皇室典範は第一条で「皇位は、皇統に属する男系の男子が、これを継承する」、また第四条で「天皇が崩じたときは、皇嗣《こうし》が、直ちに即位する」と規定するだけで、譲位のことは全く書かれていない（「皇嗣」は天皇の継承者）。

条文上で譲位禁止規定は無いため、可能との意見もあるだろう。しかし、どのような条件が揃ったら譲位が可能となるか定めがなく、その手続規定も存在しない。また、皇室典範には、天皇が譲位した後に何と申し上げるか、敬称はどうなるか、皇位継承資格を有するか（かつて二度目の即位をした「重祚《ちようそ》」の例が二例ある）、予算はどうなるか、皇室を離れることは可能かなど規定が無く、法律自体がそもそも天皇の譲位を全く予定していない作りになっている。

したがって、陛下の「御意向」とされる譲位を実現するためには、ここに述べたような法整備をしなければならない。ただし、憲法第二条がいう「世襲」は、典範四条が規定する「天皇が崩じたとき」に限らず、譲位の場合も含むと解されるため、憲法を改正せずに、皇室典範のみを改正すれば足りると考えられる。皇室典範は一般法であるため、衆参の過半数により決することができる。

もし陛下の「御意向」が現実のものとなれば、江戸後期の第一一九代光格《こうかく》天皇が譲位なさってから譲位の例が無いため、実に二〇〇年以上の時間を経て、譲位が復活することになる。

ところが、譲位はそれ自体が一部問題を含んでいることも考慮する必要がある。皇室典範に譲位の規定が無いのは、うっかり書き忘れていたわけではない。譲位の制度は明治以降何度も議論する機会が有ったが、その度に熟考の末、制度とされなかった経緯がある。なぜ譲位が制度化されなかったか、その理由を確認していきたい。


皇室制度が初めて明文化されたのは、旧皇室典範が施行された明治二十二年（一八八九）のことである。それ以前は、皇室制度は純然たる慣習の積み上げによった。明治期に皇室制度を条文に書き表すに当たり、先例調べが行われた。

譲位は、六四五年に第三十五代皇極《こうぎょく》天皇が孝徳《こうとく》天皇に譲位なさったのを初例とし、以降、明治天皇までの八十八代中（北朝を除く）、五十七例の先例が有る。江戸後期から例が無いとはいえ、皇位継承原因として、天皇の崩御と譲位の両方が有ったのは歴史的事実である。

当初は譲位を制度化させる意見が散見されたところ、伊藤博文《いとうひろぶみ》、柳原前光《やなぎわらさきみつ》、井上毅《いのうえこわし》、伊東巳代治《いとうみよじ》らが討議し、最終的に伊藤博文の意見によって譲位の制度は削除された。

その理由として伊藤はおよそ次のように述べている。つまり、天皇が随意にその位を離れることに理は無く、また天皇の精神や身体に重患が有っても摂《せっ》政を置くことで百政を摂行《こう》することができ、歴史上の譲位が為政者の事情に左右されたことに鑑みると、譲位の規定は削除すべきである、と。そして旧皇室典範第十条は「天皇崩スルトキハ皇嗣即チ践祚《せんそ》シ祖宗ノ神器ヲ承ク」とされた（「践祚」は天皇の位に就くこと）。

その後、我が国は連合国による占領期間中に再び皇室制度を議論し、帝国議会での審議を経て新皇室典範を成立させた。昭和二十二年（一九四七）のことである。当時は、昭和天皇の譲位の可能性も議論されていたが、政府は、天皇自身のお考えで譲位なさることは国民の信念と調和しないと答弁し、制度化を退けた。

次に譲位が国会で議論されたのは、昭和天皇が八十三歳をお迎えになる年のことだった。当時の山本悟《やまもとさとる》宮内庁次長は衆議院内閣委員会で①譲位を認めると歴史上見られるような「上皇」の弊害が生じる恐れがあること、②天皇の自由意思に基づかない強制退位の可能性が有ること、③天皇が恣意的に譲位することは「象徴」という立場に馴染まないことなどを答弁し、譲位の制度化はこの時も見送られている。そして宮内庁は現在もその見解を踏襲している。

このように、明治維新以降、少なくとも三回も譲位制度について討議されたものの、いずれも制度化されず、今に至っている。

皇室典範改正か特措法か

譲位が制度化されると、天皇の意思に反して内閣が譲位を決定したり、国政の重大な局面で天皇が譲位して内閣に圧力を掛けたりすることが可能になる。現在は皇室と内閣が対立関係にないため、想像しにくいが、何百年も先のことを考えると、そのような事態にも備えておく必要はあろう。

そして、そういったことは歴史上先例が有る。強制譲位は、例えば第七十五代崇徳《すとく》天皇に見ることができる。鳥羽《とば》上皇によって強制的に譲位させられ、それが保元《ほうげん》の乱を引き起こす切っ掛けになった。また、天皇が政治に圧力を掛けた例は、江戸時代前期の第一〇八代後水尾《ごみずのお》天皇の例が有る。幕府との軋轢《あつれき》のなかで幕府に通告せず自ら譲位を断行し、満五歳の女帝を成立させ、上皇となって院政を敷いたことが知られている。

憲法は、天皇は「国政に関する権能を有しない」(第四条)、また天皇の国事行為は「内閣の助言と承認により」行われる(第七条)と規定しているため、譲位の決定は最終的には内閣が全責任を負うことになるだろう。

すなわち、天皇の意思に反して内閣が譲位を決定すること、あるいは、天皇が内閣の意思に反して譲位を表明し、それを内閣が却下すること、などを想定しておかなくてはいけない。もしそのような事態が生じたなら、それは日本の国体を揺るがす事態といわねばならない。そういった可能性を未来に亘って封じることこそが、現在の皇室制度に譲位の制度が無い理由なのである。

さて、ところが先に述べた通り、陛下の「御意向」が事実だとすれば、それは国民の多くが共感し理解するところである〔その後、事実と判明〕。そこで先ず考えられるのは、皇室典範を改定して譲位を制度化する方法だが、それより、飽くまでも一代限りの特別の措置として特措法によって対応するのが上策であると私は思う。その場合、陛下が譲位なさったあとの法律関係は、全てその特措法に書き込めば良い。

一度譲位が制度化されると、その制度が恣意的に運用される危険が有るが、制度化せずに特措法で実行すれば、その心配は無い。陛下が譲位なさることについては、広く国民が共感しているため、陛下の御意向を内閣総理大臣が内々に拝して政府がその方針を固め、それが国会で承認されれば、天皇と内閣と国会（国民）が一体となって譲位を実現させることになる。そのような方法であれば、強制譲位や恣意的譲位でないことも担保され、先に述べた山本悟宮内庁次長の懸念は排除することができよう（その後、政府は特例法によって対応した）。

「御意向」は伺っても伺わなくても問題

さて、この度のNHK報道では、陛下の「御意向」が「宮内庁の関係者に示されている」ことが分かったと伝えられ、私はそのような報道の内容に強い違和感を覚えた。官房長官や宮内庁長官が発表したわけでもなく、一報道機関が「宮内庁の関係者」から聞いたという体裁のスクープだったからだ。

かつて増原恵吉《ますはらけいきち》防衛庁長官（当時）が昭和天皇に進講した際に、天皇の「御言葉」を記者に語ったことで辞任に追い込まれた事件があった（増原長官内奏事件）。天皇の御言葉を外部に漏洩すると「天皇の政治利用」とされ、憲法問題とされることがある。

では今回の報道で語られた「宮内庁の関係者」とは一体誰なのか。陛下の側に侍《はべ》る者が、陛下のお考えを外部に漏洩することは、国家公務員法に抵触する恐れがあり、天皇の政治利用の誹《そし》りを免れない。

平成二十八年七月に第一報があった直後、山本信一郎《しんいちろう》宮内庁次長〔現宮内庁長官〕は「そのような事実は一切ない」と発言し、宮内庁長官と官房長官と総理大臣は、いずれもそれ以上の踏み込んだ発言はしていない。憲法の定める趣旨により、何人も天皇を政治的に利用することは許されず、政治問題について陛下の御発言を利用することはあってはいけないし、天皇陛下の御発言が政治を動かすことがあってもいけないのであるから、政府としてはそう説明するしかなかったのではなかろうか。

天皇陛下とて普段のニュースに接して政治的な御意見を内心にお秘めになることはあろう。また、そういったことをお身内でお話しになることもあろう。しかし、それは飽くまでも公式に発表されないものであって、陛下御自身も、憲法に定められた天皇の在り方を大切になさり、これまで政治的な御発言を公表なさることはなかった。

そして、本件でも「宮内庁の関係者」とやらが勝手に外部に語った真偽不明の情報がスクープされたのであるから、陛下が公式に政治発言をなさったわけではないし、宮内庁の公式発表でもない。たとえ「御意向」が事実だとしても、本来このような形で公にしてはいけないことであった。

ではどうすれば良いか。「陛下の御真意を確かめたら良い」との意見もあろう。しかし、政治家や経営者ならいざ知らず、発言主が「天皇」であった場合は、その真意を確かめる手段が存在しない。たとえ御真意を拝聴することができたとしても、憲法の趣旨に則《のっと》ればそれを公表することもできない。

本来、皇室制度の議論を進めるに当たり、陛下の「御意向」は「伺ってはいけないもの」であると同時に、「伺わなくてはならないもの」でもある。一見矛盾すると思えるかもしれない。だが、天皇は非政治的でなくてはならないという憲法の趣旨からすると、政治課題である皇室制度を議論する上で、陛下が政治的に意見を発せられることは、憲法を逸脱する可能性があり、公式には「御意向」は聞いてはいけないということになる。そのことは、憲法遵守を明言なさった陛下が最も大切になさっていらっしゃることと拝察される。

かといって、皇室制度が陛下のお考えに反して変更されることは、多くの国民も望まないところである。したがって、公式には伺ってはいけないが、非公式では伺っておかなくてはならないということになる。それだけ慎重に進めなくてはいけない問題なのである。

具体的には、内閣総理大臣は定期的に陛下に内奏する機会が有るため、内々に陛下の御意向を伺い、政府が必要と判断すれば譲位の一件を政府として準備を進め、その様子を見ている国民は「きっと総理が内々に陛下のお考えを聞いて進めているに違いない」と思い、暗黙の了解下で粛々と手続が進められるのが本来の進め方である。

したがって、この報道が有ったから政府が動いたのではなく、飽くまでも政府が独自の判断によって譲位の件を検討することが肝要である。故に国民も、報道に翻弄されてあまり陛下の御真意などを追求して論《あげつら》うのではなく、政府が検討し国会が議論する様子を静かに見守るという姿勢が肝要なのではなかろうか。報道機関にも自制を促したい。

（平成二十八年九月号）

行間を読む必要がある憲法第二条

国語的な解釈だけなら法学者は不要

平成二十八年（二〇一六）八月八日の天皇陛下〔現上皇陛下〕の御言葉を受け、政府は、特措法によって今上天皇一代限りの譲位を実現する方針であることが伝えられた。譲位を制度とするか、あるいは今上天皇だけの特別措置とするかは意見が分かれるところであったが、政府は制度化を避ける方針だという。譲位を制度化した場合の歴史上の問題については、既に詳細を述べたのでここでは繰り返さないが、政府は譲位を今上天皇一代の特別措置とすることで、そういった問題を回避することを意図したものと思われる。

また政府は、女性宮家といった周辺の議論には立ち入らず、譲位の件に限定して準備を進める方針であることも伝えられた。議論の幅が広がると、議論百出となって収拾困難になるとの見方がある。方針が定まらず徒《いたずら》に時間を要したら、国民からの風当たりが強くなることも予想される。論点を譲位一点に絞って立法措置を講じようとする政府の方針は、確実かつ迅速に譲位の道筋を開くためには順当であろう。

ところが、特措法で譲位を実現しようとした場合に、憲法上の超えなければいけない論点がある。それは憲法第二条との整合性の問題である。条文は次のように規定している。

「皇位は、世襲のものであつて、国会の議決した皇室典範の定めるところにより、これを継承する」

この条文を根拠に、天皇の皇位の継承は「国会の議決した皇室典範」に従って行わねばならず、それ以外の特措法などの法律に従って行われたなら、それは憲法違反だという指摘がある。

確かに、憲法の条文には皇室典範に従って行うべきことが明記されているのであるから、日本語の意味からして、もしこれを別の法律で行えば、憲法に違反することになるとの主張には説得力があるように思える。

しかし、条文を日本語の文法や辞書を振りかざして国語的に解釈しようとするのは、法学の初級学習者がよく犯す初歩的な誤りである。もし条文を国語として解釈すべきなら、この世に法学者など必要ない。国語学者がいれば足りることになる。

例えば憲法第九条でそのような文理解釈をしたらどのような結果になるか、容易に想像が付く。「国権の発動たる戦争と、武力による威嚇又は武力の行使は、国際紛争を解決する手段としては、永久にこれを放棄する」という条文は、国語上では、どのように解釈しても「自衛戦争は放棄していない」などと読むことはできない。

しかし、同条が自衛戦争を放棄していないのは法学の常識であり、自衛戦争を放棄する国などこの世に存在しないことからして、同条については、そのような文理解釈が妥当しないことは明白である。ではどうしたらそのように読めるのであろうか。

そこで登場するのが法学者である。この条文は、第一次世界大戦後に締結されたパリ不戦条約第一条が基になっていると知っていれば別の読み方が可能となる。同条約の第一条には、国際紛争解決のための戦争を非とすること、国家の政策の手段としての戦争を放棄することを宣言する旨が書かれているが、ここで非とされて放棄されたのは侵略戦争のことであって自衛戦争ではないのは万国共通の認識である。この歴史を知っている者は、憲法第九条は「侵略戦争を放棄しているが自衛戦争は放棄していない」という特殊な読み方が可能となる。そして、この条文は国連憲章に踏襲されている。

このように、条文解釈には、条文の行間を読まなければならない場合が往々にしてあり、憲法第二条も同様に、特殊な読み方をしないといけない条文であるため、文理解釈には適さない。

皇室典範の最後に新しい条文を

では憲法第二条はどのように読めば良いか。昭和二十一年（一九四六）に帝国議会が日本国憲法草案を審議した際に、金森徳次郎《かなもりとくじろう》国務大臣（憲法改正担当）が第二条の皇室典範につき「特にこれには憲法上特別なる名称を付与したと云うだけなんです」と答弁している。

何と、条文中の「皇室典範」には法的な意味は無いというのが日本政府の公式見解だったのだ。昨今の報道によると、どうやら内閣法制局もこの見解を踏襲していると思われる。

帝国憲法下では皇室典範は憲法と並ぶ法規範だったが、戦後、皇室を律する法は一般法として再構成されることになった。その際に、皇室を重んじる人たちの気持ちを少しでも宥《なだ》めようとして「皇室法」「皇室基本法」「皇室制度法」などという無味乾燥な名称ではなく、かつてと同じ荘厳な名前、すなわち「皇室典範」との名称を踏襲させたということである。

このことは第二条の公式英文で、該当箇所は「the imperial house law passed by the diet」となっていることからも、「皇室典範」というのが特定の法律の名称ではなく、広く「皇室関連法」を意味することが分かる。

また、現在の皇室典範が一般法であることから、特措法を成立させるのと同じ手続と条件により、皇室典範そのものを改定することが可能であるため、皇位継承を敢えて皇室典範という特定の法に限定しなければならない法的な理由は無い。

したがって、第二条は皇室典範の定めによらなくては皇位は継承できないという意味ではなく、皇位継承を定める法律には皇室典範という名称が付与されるという意味に他ならない。つまり憲法第二条のいう「皇室典範」には譲位の特措法も含まれると解されるのである。よって、特措法によって譲位を実行することは、何ら第二条に抵触するものではないと結論することができる。

ところが、このような理解が一般に必ずしも浸透するとも限らず、「日本国の象徴」に関する事であることからしても、皇位継承が不法に行われたと理解されることは避けるべきである。であるなら、本来皇室典範を改訂せずに特措法のみで対応できる件であるが、皇室典範の最後に新しい条文を一つ追加して、法律に委ねる旨を書けば、批判されることもないであろう。具体的には次のように追記すれば良い。

「第三八条　天皇が譲位する場合は、国会の議決した法律の定めるところにより、これを行う」

これだけでも十分だが、特措法の名称に「皇室典範」を加えれば、より批判を受けにくくなるであろう。例えば、「皇室典範第四条に関する特別措置法」などとすれば良い。

特措法はシンプルなものに

今後、特措法の内容については公に議論されることになるが、まだ誰も草案を提示した者がいないため、今後の議論の叩き台になることを期して、ここに特措法の草案を提示しておきたい。とはいえ、特措法に書き込むべきことは自ずと限定されるため、およそ次のような簡潔なものになるであろう〔この項は平成二十八年時点〕。

皇室典範第四条に関する特別措置法〔竹田試案〕

第一条　天皇は、譲位する。

第二条　譲位した天皇は、太上《だいじょう》天皇となる。

2項　太上天皇は、国事に関する行為を行わない。
3項　太上天皇は、皇族の地位を有する。
第三条　太上天皇の敬称は、陛下とする。
第四条　太上天皇が崩じたときは、大喪の礼を行う。
第五条　太上天皇を葬る所を陵とし、陵に関する事項は、これを陵籍に登録する。
第六条　皇后は皇太后となる。
第七条　太上天皇は内廷皇族とし、皇室経済法第四条の適用を受ける。

附　則

（施行期日）
1　この法律は、公布の日の翌日の一年後から施行する。
2　この法律は、この法律によって譲位した太上天皇の大喪の礼の日に、その効力を失う。

制度化する場合は、譲位の要件をどのように条文に規定するか、極めて難しい問題があるが、特措法の場合は譲位の理由は条文に書かれることが無い。特措法は決まった事が淡々と条文となるだけであって、理由を書かなくて良いところが制度化よりも上策である理由の一つである。

この草案の核になる条文は第一条である。この特措法が施行されるその瞬間に天皇陛下は譲位なさり、太上天皇にお成りあそばす。太上天皇を略したのが「上皇」であるが、あるいはその方が馴染みがあるかもしれない。その他の条文は皇室典範に太上天皇の規定が無いため、整合性をとって補完する条文である。

また、この草案は公布の翌日の一年後に施行することにしているが、例えば来年〔平成二十九年〕の春の国会で可決されて、その直ぐ後に譲位なさるのはあまりに早く、国民としても名残惜しむ時間も必要と思えるため、一定の期間を置くこととした。その方が、陛下の御言葉の冒頭にある「平成30年」と合致することにもなる。

また、この特措法が施行された時、皇太子が不在になるという問題が生じる。これについては、秋篠宮殿下を皇太弟《こうたいてい》とし、ご一家を内廷皇族とする旨の、もう一つ別の特措法を立てれば、その問題も解決することができる。

まだ議論は始まったばかりだが、悠長にしている時間は無い。天皇陛下の御言葉により、陛下の憂慮なさることが国民に伝わった。政府と国会は、宸禁《しんきん》を悩ます暗雲を一刻も早く払うべく、あらゆる手段を検討し、陛下のお気持ちを安んじ奉る方策を実施しなければならない。

（平成二十八年十一月号）

矛盾がある譲位の制度化

摂政では問題は解決しない

天皇陛下〔現上皇陛下〕の譲位の御意向が報道されて以来、私は一貫して特措法にて譲位を実現させるべきであると述べてきた。しかし、天皇陛下の譲位を実現するには、皇室典範を改定して譲位を制度にする方法と、特別措置法によって今上天皇一代限りの譲位とする方法の二つがあり、いずれにすべきかは意見の対立がある〔この項は平成二十九年二月時点〕。

譲位を制度化する場合、どのような条件で譲位が可能となるか、そのあたりが問題となる。特に悩ましいのは二点で、第一は天皇陛下のご体調やご年齢を条件とするか否か、第二は天皇陛下の「譲位の御意思」を条件とするか否かである。

先ず、第一の問題から検討していきたい。もしご体調を譲位の要件とすると、天皇陛下が今後もお元気でいらっしゃった場合、譲位はできないということになってしまう。無論、陛下がいつまでもお元気でいらっしゃることは国民の喜びであるも、譲位にご体調不良の条件を付けてしまうと、譲位の実現をより難しくしてしまうことにもなりかねない。

平成二十八年（二〇一六）八月八日の陛下の御言葉にも「既に八十を越え、幸いに健康であるとは申せ、次第に進む身体の衰えを考慮する時、これまでのように、全身全霊をもって象徴の務めを果たしていくことが、難しくなるのではないかと案じています」とある。現在は「健康」でいらっしゃるということである。

今後加齢によって身体の衰えが生じることが予測されるため、公務が全くできなくなってしまう前に何らかの措置が必要というのが陛下のお考えである。

皇室典範第十六条二項は「天皇が、精神若しくは身体の重患又は重大な事故により、国事に関する行為をみずからすることができないとき」に摂政を置くことになっている。しかし、陛下は御言葉で、摂政では問題は解決されないとも仰った。

ということは、「国事に関する行為をみずからすることができない」状況に至る前に、譲位を可能としなくてはならない。しかし、誰が見ても客観的に分かるように、譲位の条件とする身体の衰え具合を条文に明記することは難しい。「天皇が高齢となって、国事に関する行為をみずからすることが著しく困難なとき」などと書くことになるであろうが、誰が見ても明白な条件を明記するのは不可能と思われる。

皇室会議と内閣が陛下のご体調を窺いながら、天皇の譲位を決議するというのはいかがなものであろうか。条件が曖昧であるために納得しない国民も当然いるであろうし、そもそも将来の天皇が、高齢でも天皇を続けるお考えでいらっしゃった場合は、天皇の御意思を無視して退位が強行される可能性もある。

天皇が内容を決定できる国事行為は無い

次に、第二の「譲位の御意思」について検討したい。陛下の御意思に反して退位が強行されることは絶対に有ってはいけないというのは万人が思うところであろう。しかし、だからといって陛下の御意思を譲位の要件とした場合、憲法との整合性の問題が生じるのは明白だ。

先ず条文を読んで頂きたい。日本国憲法四条一項は次のように規定している。

「天皇は、この憲法の定める国事に関する行為のみを行ひ、国政に関する権能を有しない」

その上で憲法は第六条と第七条で、内閣総理大臣の任命や衆議院の解散など十二項目の国事行為を列挙している。つまり、天皇の国事行為はこの十二項目に限定されること、また、天皇は国政に関する行為は一切行い得ないことを憲法が明記しているのである。

天皇の御意思によって「譲位」が行われるとした場合、天皇が「国政に関する権能」を行使したことになるか、検討が必要である。

条文にある「国政に関する権能」とは、国家の統治作用に関する諸権能を意味すると理解されていて、この見解は憲法学上の通説として支持されている（宮沢俊義《みやざわとしよし》『（芦部信喜《あしべのぶよし》補訂）全訂日本国憲法』日本評論社、法学協会編『註解日本国憲法（上）』有斐閣、清宮《きよみや》四郎《しろう》『憲法Ⅰ』有斐閣、佐藤功《さとういさお》『ポケット註釈全書　憲法（上）』有斐閣、浦部法穂《うらべのりほ》編『注釈憲法1』有斐閣、など）。また、元最高裁判事の伊藤正己《いとうまさみ》氏は「国の政治を決定することはもとより、それに影響を及ぼしうる行為」（『憲法』弘文堂）と表現している。

では、陛下の御意思を譲位の要件とすると、それが「国家の統治作用に関する権能」となるかについて、さらに検討を加えていきたい。

国事行為の法的性格については大きく二つの学説に分かれている。一つが、国事行為は本来的に形式的、儀礼的であるとする「本来的儀礼説」。もう一つが、元来国事行為は「国政に関する権能」だが、内容を決定するのが天皇以外の国家機関であるため、結果的に形式的、儀礼的になるとする「結果的儀礼説」である。

いずれの説に立っても、憲法が限定列挙している十二項目の国事行為は、形式的、儀礼的なものと理解されていることに争いはない。

例えば、内閣総理大臣の任命は天皇の国事行為だが、天皇には内閣総理大臣を人選する権限が無いばかりか、些《いささ》かもこれに介入する余地は無い。内閣総理大臣の実質的決定権は国会にある。天皇は既に決定した内閣総理大臣を形式的、儀礼的に任命するに止《とど》まる。

同様に、衆議院の解散も天皇の国事行為の一つとして憲法に列記されているが、衆議院の解散は既に閣議により決定したことを、天皇が形式的、儀礼的に表示するのであって、その実質的決定権は天皇には無い。

このように、十二項目の国事行為を眺めても、天皇が内容を決定できる項目は一つも無いことが分かる。もし天皇が国家の統治作用に関して何らかの実質的決定権を行使できるなら、それは天皇が「国家の統治作用に関する権能」を行使することに他ならず、憲法第四条の趣旨に反すると考えなければならない。

もし天皇の御意思を譲位の要件としたなら、譲位の実質的決定権は天皇に属することになる。たとえ皇室会議の議を経ることが条件に加わったとしても、天皇の賛同が無ければ譲位は成立しないため、やはり実質的決定権は天皇に有ると言って差し支えない。また、天皇の御意思が国家の統治作用に極めて大きな影響を与えることに変わりはない。

御意思を譲位の要件とするには憲法改正

この点について、東京大学の井上達夫《いのうえたつお》教授（法哲学）は、譲位は「他者を支配する権能」ではないから「国政に関する権能」に含まれないと述べる（平成二十九年一月一日放送「朝まで生テレビ！」）。確かに、人権が著しく制限される天皇の地位を離れる決定は個人的な事柄と指摘することもできよう。

しかし、天皇が民間に金銭を寄付することも憲法第八条は原則禁止しているのであって、「他者を支配する権能」だけが「国政に関する権能」ではないのは明白である。また、国事行為の一つに列挙される栄典の授与（叙勲）でさえも、天皇自らその人選を行ったら第四条に違反するというのは、憲法学では争いがない。

まして天皇は公的存在であって、その譲位が私的事柄と言い切るのはあまりに乱暴ではあるまいか。天皇は我が国の権威の泉源でもあり、「誰が天皇の地位にあるか」というのは、極めて高度な政治問題であるといわねばならない。天皇がその高度な政治的決定を為し、あるいはこれに関与することが、憲法第四条に抵触しないという理屈があるなら、是非聞いてみたいものである。

しかしながら、天皇の御意思を譲位の要件とする方法が一つだけある。それは、憲法改正である。第七条の国事行為に「譲位の意思表示」の一項目を追加すれば良い。そうすれば、譲位の意思表示は憲法が認めた第四条の例外規定ということになる。逆にいえば憲法改正なくして、天皇の御意思を譲位の条件とすることはできない。

そこで、もう一つ検討しなければいけないことがある。天皇の国事行為は全て内閣の助言と承認によって行われるということは、憲法第三条が明記するところである。では、もし天皇の御意思を譲位の条件としたなら、国事行為として天皇が譲位の御意思を表明するに当たり、その意思表明は、憲法第三条に従って内閣の助言と承認に基づいて行われることになる。

ということは、天皇が譲位の意思を表明しても、内閣がそれに助言と承認を与えない場合は、譲位の意思表示は法的には無かったことになる。つまり、譲位の決定を天皇単独の意思表示によって行うこと自体が、原理的に不可能ということである。

逆に、天皇は譲位する意思が無いにもかかわらず、内閣が「天皇の譲位の意思表示」を閣議決定してこれを発表した場合は、不確定的ながらも譲位の意思表示は為されたことになる。天皇が裁判所に取り消しを求める裁判でも提起しない限り、法的にこれを取り消すことは難しい。しかも、その真偽を直接天皇に確かめるのは極めて困難であり、第三者が代位して立証することも不可能に近い。つまり、天皇の意思に反して譲位が強行される可能性があるといわねばならない。

このように、譲位を制度化する場合に、その要件に天皇の御意思を含めるのは憲法上の問題が有るが、とはいえ天皇の御意思を要しないとすると、天皇の御意思に反した譲位が行われる危険も生じる。そのため、御意思を要するとすることもできないし、不要とすることもできない、そのようなジレンマに陥るのである。

（平成二十九年三月号）

天皇の「空位」は避けよ

退位と即位が「別日」は不自然

政府は平成二十九年（二〇一七）十二月八日、天皇陛下〔現上皇陛下〕の譲位の日を平成三十一年（二〇一九）四月三十日とする政令を閣議決定した。報道によると「四月三十日に天皇陛下が退位、五月一日に新天皇が即位」とのことだが、なぜ同じ日に退位と即位を行わないのか疑問に思った。四月三十日に退位式が行われたあと、その日の晩は誰が天皇なのか。もし日中に退位式が行われたら、法律上は日付が変わるまで天皇は在位しているとしても、実質的には天皇が不在ということにならないか。

天皇の退位等に関する皇室典範特例法第二条は「天皇は、この法律の施行の日限り、退位し、皇嗣が、直ちに即位する」と規定する。普通に考えたら退位の時に「直ちに即位」なら、退位と即位は同じ日付になるはずである。「直ちに即位」しながら、退位と即位の日付が異なるということが、果たして可能だろうか。政令に従って四月三十日に陛下が退位なさるのなら、新天皇はその瞬間に即位なさらなければ、天皇不在を意味する「空位」が生じてしまう。空位を避けるなら、新天皇の即位は四月三十日でなければならないことになる。

それでも尚「四月三十日退位・五月一日即位」にこだわるなら、日付が変わる瞬間に退位と即位を行えば良いという意見も有るだろう。しかし、四月三十日の二三時五九分五九秒に天皇陛下が退位し、五月一日の○時○分○秒丁度に新天皇が即位なさっても、一秒空位が生じる。では、退位を限りなく即位に近づけようとして、退位の時間を四月三十日の二三時五九分五九秒九九九九九九に設定したとしても、○・○○○○○○一秒は空位が生じてしまう。「四月三十日退位・五月一日即位」という設定自体、必ず空位が生じることになるのだ。

では、退位を即位と全く同じ時間にしてしまえば空位は生じないという意見もあろう。しかし、退位を即位と同じ五月一日○時○分○秒に設定したなら、それは退位も即位も五月一日に行われることになるから、「四月三十日退位」という前提は崩れる。それなら、五月一日に退位と即位を同時に行えば良いだけのことではないか。しかし、そのようにすると問題が生じる。閣議決定によると、陛下の退位は四月三十日でなくてはならない。空位を避けるなら、やはり新天皇の即位は四月三十日でなくてはならないはずである。

なぜ「譲位式」では駄目なのか

このようにいうと、明治五年（一八七二）の太政官布告第三三七号を持ち出す人がいるかもしれない。ここには、子《ね》の刻から午《うま》の刻までを午前、午の刻から子の刻までを午後と称する旨が記されている。これを文字通りに読めば、一日は子の刻に始まり子の刻に終わることになる。そうすると、四月三十日二四時〇〇分と五月一日〇時〇〇分は日付が違うも同時刻であることになる。

現行民法第一四〇条から、一日の始まりは「午前零時」であることが分かるが、一日の終わりについては明文規定が無いため、太政官布告が慣習法として現在に効力を持つと見る余地はあろう。布告が有効との立場に立てば、四月三十日二四時と五月一日〇時は同時刻であり、旧天皇から見ればこの時刻は四月三十日であり、また新天皇から見れば五月一日ということになろうか。だが「午前零時」は民法の規定から定義可能だが、「二四時」は法律によって規定されていないため、やはり疑問は残る。しかも、一四〇年以上前の太政官布告を持ち出さないと法的に説明できないことを、国民に感覚的に理解させるのは難しい。

また、太政官布告は「称する」ことができる旨を述べているだけで、一日の終わりと一日の始まりが「重なる」かどうかは別の問題である。仮に「称する」ことができても、四月三十日が終わる最後の瞬間と、五月一日が始まる瞬間が「重なる」根拠にはならない。これが重なるなら空位は生じないが、重ならないなら論理的に空位が生じることになる。

しかも、二四時になった瞬間、それは五月一日になったと考えるのが普通ではなかろうか。その瞬間がまだ四月三十日であると捉える人は、恐らく皆無に近い。新年のカウントダウンで○時になった瞬間に「おめでとう」と言ったら、「一瞬早いですよ」と言われるようなものではないか。社会通念上は、二四時が前日に属するとは考えられない。

他方、四月三十日の終わりの瞬間まで旧天皇が在位し、五月一日の始まりの瞬間から新天皇が在位するから、いつが終わりでいつが始まりかにかかわらず、とにかく「いた」し「いる」のだ、と説明されると、空位は生じないようにも思える。とはいえ、一日の終わりと始まりの瞬間が連続しているかどうか、依然として謎が残る。

ここで、数学の力を借りてみたい。二三時五九分五九秒＋○・九秒＋○・○九秒＋○・○○九秒＋○・○○○九秒＋……を無限に続けていったら、それは二四時○○分○○秒と

「＝（イコール）」で結ばれる、というのが数学の結論である。この足し算の解は二四時丁度に収束するというのがその理由で、無限級数が有限の値に収束する事例に該当する。この見解に立てば、一日の終わりと一日の始まりは「重なる」といえる。しかし、〇時が前日に属するという考えは社会通念上、やはり成り立たない。

私たちは「非の打ちどころの無い天皇」を守らなくてはならず、空位が生じるとの疑念は、寸分も許してはいけないのである。同じ日に退位と即位を設定すれば、このような疑念は生じる余地は無かった。

そもそも、なぜ退位と即位を別に考えるのか。退位と即位は同じ時刻に行われなくてはならず、日付を跨《また》ぐのは不自然である。「退位」は位を退くこと、「即位」は位に就くことを意味するが、退位と即位を同時に行うことを表現する言葉がある。それは「譲位」である。譲位とは、天皇が位を退き新天皇に位を譲り渡すところまでを含む言葉である。なぜこの言葉を用いないのか。なぜ譲位式ではなく退位式をするのか。退位の瞬間に即位が無ければ空位が生じるし、まして退位だけ単独で行われたら、それは王朝の終焉を意味する。

改元は別日でも問題ない

退位と即位の日付が違う理由を想像するに、改元との関係で悩んだのではないかと思われる。昭和から平成への改元は、昭和天皇崩御の日から日付が変わる深夜〇時に行われた。①今回の改元も〇時に行われること、②旧元号は旧天皇の退位まで、新元号は新天皇の即位から、という二つの条件を満たすなら「四月三十日退位・五月一日即位」しかない、ということになったのではないかと推測する。

もしこの二つの縛りのなかで考えると、四月三十日から五月一日に日付が変わる瞬間を跨いで譲位式を行う以外に方法は無いであろう。譲位式の最中は空位が生じないと考えられるからだ。だが、いつまでが旧天皇でいつからが新天皇であるかを考え始めると、やはり〇時が前日に属するかどうかの話に戻ってしまうため、堂々巡りになる。また、譲位式をわざわざ深夜に行わなくてはいけない問題が残る。普通に考えたら、昼間に行うべきである。

①の昭和から平成への改元が深夜〇時に行われたことを踏襲するのは良いとしよう。だが②はそもそも条件にする必要は無いのではないか。昭和から平成への改元の時がまさにそうであった。皇室典範第四条が「天皇が崩じたときは、皇嗣が、直ちに即位する」と規

定していることから明らかなように、現在の天皇陛下〔現上皇陛下〕がご即位遊ばした日時は、昭和天皇崩御の昭和六十四年（一九八九）一月七日午前六時三十三分であった。改元は翌日〇時なので、天皇陛下は昭和の最後の日から天皇でいらっしゃったことになる。天皇の在位期間と元号を同じ日に一致させる必要はないし、歴史的には、むしろ天皇の代替わりとは別の日に改元するのが原則であった。

②の縛りをなくせば、四月三十日の昼間に三種の神器を継承する譲位式を行って新天皇が成立し、五月一日〇時に改元を行うことができる。そうすれば、譲位の儀式は昼間に行うことができる。特例法が「直ちに即位」と明記しているのに退位と即位の日付が異なるのはやはり大きな違和感がある。空位の疑念を完全に回避するため、四月三十日に退位と即位を実行するのが無難であろう。「五月一日即位」は訂正した方がよい。

（平成三十年二月号）

皇室行事の簡略化を憂う

譲位前の新元号公表は原則に反する

平成二十四年（二〇一二）四月二十六日、羽毛田信吾《はけたしんご》宮内庁長官（当時）が定例記者会見で、天皇皇后両陛下（現上皇上皇后両陛下）は、葬儀や御陵《ごりよう》（天皇の墓）をできるだけ簡略、簡素化するよう望んでいらっしゃると発表した。具体的には、葬送は火葬とし、天皇皇后を合葬とし、陵を小さくし、葬儀は簡素に行うという内容で、皇太子殿下（現天皇陛下）と秋篠宮殿下も納得なさっていらっしゃるとのことだった。陛下は、葬送を「極力国民生活への影響の少ないものとするように」とのお考えだという。

翌週に、皇后陛下が、風岡典之《かざおかのりゆき》次長（当時）を通じて「陛下とご一緒の方式は遠慮すべき」とのお考えを表明なさった。これにより、羽毛田長官が「両陛下が望んでいらっしゃる」と発表したのは一部虚偽だったことが明らかになったが、それはさておき、テレビや新聞などの大手メディアは挙って、陛下のお考えを賞賛こそすれ、現状維持を主張する論評は伝えなかった。テレビで「御陵の規模を維持すべき」と主張したのは、おそらく私一人だけだったと思われる。

保守論壇を含む言論界から反対意見が出なかったため、国民的合意が形成されたと判断したのであろうか、政府は、昭和天皇の御陵よりも小さい規模の御陵を既に造営してしまった。

平成に入ってからお召し列車が運行される回数が大幅に減った。無論、時代の変化により飛行機や新幹線での行幸が増えたことも理由の一つであろう。しかしこれも、天皇陛下が国民への負担を御心配になったことが一つの要素であると宮内庁関係者が明かしている。ＪＲ原宿駅の近くにある「宮廷ホーム」と呼ばれる皇室専用の発着施設も、平成十三年（二〇〇一）を最後に使用されていない。

最近は元号に関して、「国民生活への負担」という言葉が良く使われている。元号が改められることは、少なからず国民生活へ影響が有ることは間違いない。そこで「国民生活への負担」が少しでも小さい方が良いという前提で天皇陛下の譲位の時機までもが議論されていたのには驚いた。

具体的には、大晦日、あるいは三月三十一日の深夜〇時に改元したら、年と年度の区切りなので分かり易いという。つまり、そのために、その日に譲位すべきだというのだ。天皇の代替わりが有れば元号が改められるというのが、我が国の伝統である。都合が良いのでその日に天皇が退位すべきだという主張が、然程《さほど》違和感無く受け入れられる社会になってしまった。

結局、譲位の日程は四月三十日とされたが、その後もおかしな議論が続いている。できるだけ早い時期に新元号を発表すべきだという。少しでも早く発表した方が「国民生活への負担」が小さくなるというのだ。

本来、新元号への改元は、新天皇の秩序において行われるものである。したがって、譲位よりも前に新元号が公表されるのは、その原則に反する。また、「国民生活への負担」というが、本来は天皇崩御ののちに、新天皇のもとで新元号が発表され、後日改元されるものである。昭和六十四年一月七日の早朝に、昭和天皇の崩御が報じられ、間もなく新元号が発表されたことを思い出して欲しい。

国民は負担と思っていない

このように、皇室関係の議論で度々現れる「国民生活への負担」という言葉に、私は違和感を覚える。なぜなら「国民生活への負担」を憂慮なさるのは陛下なのであって、メディアや評論家ではないからだ。『日本書紀』に記された逸話を一つ紹介したい。

第十六代仁徳《にんとく》天皇は、経済が疲弊して国民が生活に困窮している惨状を知り、税を三年間免除すると発せられた。三年後、まだ経済の復興が半ばであることをお知りになると、あと三年間税を免除すると仰った。しかし、長い間税を徴収していなかったため、天皇の御生活は困窮を極めていた。皇居は荒れ放題で、雨が降る度にひどい雨漏りがあり、乾いた所を探してお眠りになる有様だったという。

苦しい時に税を免除して下さった仁徳天皇に対して大きな恩を感じていた国民は、自分たちの生活は改善したにもかかわらず、天皇の御生活が困窮していることに疑問を持ったことと思われる。国民は不満を顕《あら》わに宮廷に乱入し、天皇のために御殿を新築して差し上げたというのだ。

天皇が「国民生活への負担」を憂慮なさり、国民は「天皇への御負担」を心配するというのが、本来の天皇と国民の関係性ではなかったか。評論家などの「国民」が、皇室による「国民生活への負担」を語ってどうするのか。彼らは、自らが天皇の視点でものを語っていることに気付くべきである。天皇陛下が「国民生活への負担」を憂慮なさったら、国民としては「いえいえ、負担とは思っていませんので、ご心配に及びません」と答えるのが正しい振る舞いではないのか。

無論、天皇がひどい浪費をするのであれば、この構図は成り立たない。しかし、周知のように、天皇陛下は質素倹約に努めていらっしゃるし、歴代天皇も同様であった。中国や西洋の王や皇帝には、浪費の逸話はつきものだが、歴代天皇の浪費の話は伝わらない。天皇陛下が倹約に努めていらっしゃる以上、国民が、皇室による「国民生活への負担」に言及するのは、筋違いというべきであろう。

「掛けた恩は水に流し、受けた恩は石に刻む」というのが日本人の精神性ではなかったか。天皇が「こんなに国民のことを思っているではないか」と、また国民が「天皇の生活を支えているのは国民ではないか」と言い立てるような日本であれば、皇室はとっくに滅びていたに違いない。天皇が国民を我が子のように愛してその幸せを祈り、国民が天皇を本当の親のように慕って国を支えてきたというのが我が国の国柄である。このような天皇と国民の関係性の上では、皇室による「国民生活への負担」を国民が提起することはないはずだ。

忠臣のふりをする人々の恐ろしさ

このように「国民生活への負担」という言葉は、皇室の伝統を簡略化し、あるいは変更する切り札として使われてきたように思う。まして、それが陛下のお考えとなれば、それに対して「反論」する人などいるはずもない。そのため、議論されること無く、粛々と皇室の伝統行事が変更され簡略化されてきた。

確かに「承詔必謹《しょうしょうひっきん》」というように、天皇の命令には必ず従うのが忠臣の正しい振る舞いとされる。しかし、倹約を是となさる歴代天皇のお考えを常に忠実に実行するのが果たして忠臣の正しい振る舞いであろうか。

先述の仁徳天皇の逸話では、民は天皇の命令に背いて御殿を新築し税を納めた。また、天皇はむやみに外出するものではないと考えられていた時代が有ったが、幕末の大火で、孝明《こうめい》天皇が御所に留まると仰せになったところ、公家たちが嫌がる天皇の着物の裾を引いて無理やり避難させたことがあった。この時、御意思に従っていたら天皇のお命は無かったであろう。

御陵に関することも同じである。陛下の御意思が分かったとはいえ、どこまで従うべきかは難しい問題だ。持統《じとう》天皇以降一〇〇〇年もの間、歴代天皇は原則として薄葬の詔《みことのり》を発し続けてきた。にもかかわらず現在でも御陵が一定の規模を保っているのは、必ずしも天皇の御意思に従ってこなかった結果である。毎度縮小を続けたなら、今頃御陵はペットの墓のように小さなものになっていただろう。

御意思ありきではなく、これを参考にしつつも、伝統と将来の皇室に思いを致し、相応しい形式を慎重に検討すべきである。新憲法が公布されても、戦後造営された昭和天皇の御陵は、戦前に造営された大正天皇の御陵の形状と規模がそのまま踏襲された事実がある。

では、なぜ歴代天皇の御陵は立派なものが多く、天皇の御殿は一般国民の家と異なり、また天皇のお車も一般とは異なるのであろうか。歴代の天皇がそれをお望みになったからではない。それを望んできたのは「国民」であった。朽ち果てた御殿にお住まいになる仁徳天皇に、立派な御殿を新築して差し上げたいと思ったのは国民であったし、奴隷の無い日本において、巨大な御陵を仁徳天皇のために造営したのも国民であった。現代においてもそれは同じである。

そして、何よりも恐ろしいのは、天皇の廃絶を狙っている人々がさも忠臣のふりをして、陛下の「国民生活への負担」を憂慮なさるお気持ちを振りかざし、次々と皇室の伝統文化を破壊しているという事実である。もし「国民生活への負担」が「悪」であるなら、そもそも元号や皇室行事など将来的には廃止されるであろうし、究極的には天皇を廃止することも同じ思考の延長線上にある。

陛下が「国民生活への負担」を憂慮なさることに深い感謝の念を抱きつつ、私たち国民が喜びの中で皇室を支えるという日本の国柄を、しっかりと守っていきたいと思う。

（平成三十年十月号）

「退位」は詭弁〜特例法と竹田試案

平成二十九年（二〇一七）六月十六日に「天皇の退位等に関する皇室典範特例法」（巻末二五三頁に概要掲載）が公布され、平成三十一年（二〇一九）四月三十日に施行された。本稿の「竹田試案」は平成二十八年（二〇一六）十一月号に掲載されたものである。ここで比較評価を行いたい。

第一に、上皇陛下の譲位を皇室典範の改正ではなく、特別法によって行うべきことは、筆者が当初から主張し続けていたことである。皇室典範を改正すると譲位が制度化されることになり、制度化は既に示した通り大きな弊害を生む。制度化の是非は国会でも激しく討論され、野党は制度化を求めたが、自民党がこれに強く反対し、特別法で実施することになった。竹田試案は太上天皇の大喪の礼の日に失効する「特措法」としたが、施行された「特例法」は失効の期限を設けていない点が異なるも、それは建て付けの違いである。

第二に、法律の骨子については、施行された特例法も竹田試案も大きな違いは無かった。天皇陛下の譲位を定める他、太上天皇と皇太后の地位、権能、敬称、崩じた際のことなどを簡潔に列記したものであり、その内容はほとんど同一である。

しかし、いくつかの点において違いがあり、将来に亘って禍根を残すと危惧される点があるので指摘しておきたい。

最大の問題は「譲位」ではなく「退位」という言葉が使われた点である。施行された特例法は第二条で「天皇は、この法律の施行の日限り、退位し、皇嗣が、直ちに即位する」と規定し、退位と即位を別のものとして扱っている。

だが、歴史上、天皇が存命中に位を譲り渡すことは「譲位」と申し上げ、「退位」の語を使ってこなかった。旧天皇の退位と新天皇の即位は不可分一体のものでなければならず、概念上切り離すことはできない。

ところが、内閣法制局の意向で「譲位」だと、天皇の自らの意思によって行うように見られる危険性があるため、憲法との整合性を考慮して「退位」とされた。しかし、これは詭弁である。上皇陛下の譲位は、国民的議論を経て政府が法案を作成し、国会の審議を経て、衆参両院の満場一致により成立したものであるから、民主主義としては最高の手続きを踏んだものであり、これ以上の民主的な決定はあり得ない。内閣法制局は一体何に怯えているのであろうか。

思うに、「譲位」とした場合、三種の神器の渡御《とぎょ》により皇位が継承されるという、皇位継承の本質をぼかすのが目的だったのではなかろうか。内閣法制局は女性女系天皇を推進する組織であるから、天皇の本質を枉《ま》げようとしていると見るのが自然である。皇位継承を「譲位」とせず、「退位」と「即位」に分離して儀式を行えば、どの瞬間に皇位が移ったか曖昧になるため、三種の神器の意味合いを分からなくさせる効果が有るとの計算が働いたのだろう。

その結果、四月三十日に「退位礼正殿の儀」を行い、五月一日に「剣璽等承継《けんじとうしょうけい》の儀」を行い、十月二十二日に「即位礼正殿の儀」を行うことになった。本来であれば「譲位の儀」を一つ行えば済むところである。直近において譲位なさった江戸時代の光格天皇の際は「譲位の儀」が行われている。

本書の「天皇の『空位』は避けよ」のところで、退位と即位の日が異なっていることに違和感が有る旨を述べたが、これは、内閣法制局が「退位」と「即位」の分離にこだわった結果と結論することができる。

このようにして皇室の歴史が歪められ、皇位継承の本質が枉げられようとしている。今回の特例法で「退位」の語が使用されたことは、先例とすべきではない。将来、譲位が行われる際は「退位」ではなく「譲位」を用い「譲位の儀」を復興すべきである。

次に、施行された「特例法」は、平成の天皇陛下を「上皇」、平成の皇后陛下を「上皇后」と称したが、この名称は歴史を軽視するものである。そもそも「上皇」とは「太上天皇」の略称である。条文では「太上天皇」として、通常は「上皇」を用いるのが順当であった。略称を正式名称とすることは、例えば法律の条文に「内閣総理大臣」とせず「総理」や「首相」と書くようなものである。

これは、「太上天皇」とすると、太上天皇と天皇の二人が並び立つことで、いずれが天皇であるか不明確になり、象徴が二重になる危険性が有るという内閣法制局の意向によるものであった。これも詭弁である。太上天皇と天皇のいずれが天皇であるか混乱が生じることは無い。

また、先代の天皇、あるいは太上天皇（上皇）の后は、存命中「皇太后」と申し上げるのが歴史上の慣習である。また、先代の天皇の后を「皇太后」と称することは、現行の皇室典範にも明記されている。故に、昭和天皇后、大正天皇后、明治天皇后は、存命中「皇太后陛下」と申し上げてきた。

ところが、「皇太后」とすると未亡人と誤認されるという内閣法制局の意向により、「皇太后」ではなく、「上皇后」とされた。やはりこれも詭弁である。美智子様を「皇太后」と申し上げただけで未亡人と誤認されることは無く、全く意味不明の論拠である。

本来は、「太上天皇」「皇太后」と申し上げるべきであり、「上皇」「上皇后」は先例とせず、将来は旧来の呼称に立ち返るべきである。

また、秋篠宮殿下を「皇嗣」と称することになったが、歴史的には「皇太弟」と申し上げてきた。どうやら内閣法制局は歴史を変更することに快感を覚えているのではないかと、疑問に思う。

とはいえ、既に法律により定められてしまったことは仕方のないことであり、これは今後の課題としつつ、筆者も、通常は「上皇陛下」「上皇后陛下」「皇嗣殿下」と申し上げることにする。

第二章　憲法第一条の重み

平成と昭和で「象徴」は変わったか

陛下の宸襟を悩ますもの

天皇陛下〈現上皇陛下〉には平成二十八年（二〇一六）八月八日、ビデオ形式で勅語を発せられた。ＮＨＫがスクープで「『生前退位』のご意向」を伝えてから、様々な臆測が飛び交ったが、この勅語〈象徴としてのお務めについての天皇陛下のおことば。巻末参照〉によって、象徴天皇の在り方についての陛下の叡慮《えいりょ》が明らかになった。勅語によると、陛下はある御懸念を抱いていらっしゃるという。正確を期し、該当部分をそのまま引用する。

「既に80を越え、幸いに健康であるとは申せ、次第に進む身体の衰えを考慮する時、これまでのように、全身全霊をもって象徴の務めを果たしていくことが、難しくなるのではないかと案じています」

陛下は、加齢によって、将来的に「象徴の務め」を果たすことができなくなることを憂慮なさっていらっしゃることが分かる。ところが、現行制度で天皇が重病などの際に置かれる摂政についても「天皇が十分にその立場に求められる務めを果たせぬまま、生涯の終わりに至るまで天皇であり続けることに変わりはありません」と仰せになり、御懸念を払拭するものではないことが伝えられた。

そして、御公務を縮小していくことについても「限りなく縮小していくことには、無理があろうと思われます」と、難色をお示しになった。とすれば、「譲位」が陛下の御懸念に対する有力な選択肢となるであろう。ところが、陛下は勅語では皇室制度そのものについては直接言及なさらず、「退位」「譲位」の言葉もお使いにならなかっただけでなく、譲位すべきであるとか、譲位なさりたいとも仰せにならなかった。これは、憲法の趣旨を踏まえてのことと拝察される。譲位の御意向が滲む内容であったことは間違いないが、形式的には、陛下は将来生じる問題を事前に国民にお示しになり、国民にその解決をご委任なさったことになる。

お誕生日などに当たっては記者会見が行われるのが慣例となっているが、陛下が御意思に基づいて国民に勅語を賜うのは、平成の御代では、平成二十三年（二〇一一）の東日本大震災に当たってのビデオメッセージに限られる。この勅語がどれほど重大なものであるか理解できよう。

私は「承詔必謹」の大原則に従い、直ちに議論を深め、陛下の宸襟《しんきん》を悩ます（陛下を悩ませるという意味）ものを取り払わなくてはいけないと思う。

「広ク会議ヲ興シ万機公論ニ決スベシ」

勅語で天皇陛下が具体的な解決策について、明言なさらなかったことはとても重要だが、この点が見過ごされているような気がしてならない。

憲法は天皇の御発言が政治を動かすことを認めていない。我が国は明治期に、天皇自ら憲法に拘束される「立憲主義」を採り、「絶対王制」とは一線を画してきた。もし陛下のお言葉で政治が動くのであれば、それは絶対王制と何ら変わりない。故に陛下は、勅語で、御懸念を表明なさるに留め、具体的方法には言及なさらなかった。

つまり、「陛下が仰ったから法改正する」のではなく、どのようにしたら陛下の御懸念が取り払われるか、国民が衆議を尽くしてその方法を模索し、最良の方法に到達してそれを実施しなくてはならない。

しかし、報道各社は、あたかも陛下が「譲位できるようにすべき」と明言なさったような報道をしている。例えばテレビの報道番組の多くは、陛下の譲位の御意向が示されたことを前提に番組を構成している。また、新聞各社では朝日新聞が「退位の願い　にじむ」、日経新聞が「生前退位を示唆」と抑制的な見出しにしているのに対し、産経新聞は「生前退位　強いご意向」と大きく掲げた（いずれも平成二十八年八月九日付）。

「譲位」が陛下の御意向なら、それに反する意見を言える人が一体どこにいるだろうか。「平成が終わるのは何か寂しい」「ずっと天皇でいて下さると思っていた」といった考えを持っていた人は、天皇陛下に反抗しているような気持ちになり、それを口にすることもできない。いわば、言論が封殺された状況にある。

陛下が国民にお示しになった課題の解決策は、結論がどうなるにせよ、国民的議論を経て最良の方法を模索した結果、到達しなくてはならない。譲位に対しての賛否、さらには譲位以外の解決策など、様々な意見が表明され、真摯な議論を経ることで、徐々に収斂《しゅうれん》されて一つの結論に落ち着くのが、在るべき姿である。そして、そのような方法こそが、明治天皇がお示しになった五箇条の御誓文にある「広ク会議ヲ興《おこ》シ万機公論《ばんきこうろん》ニ決スベシ」の考え方に一致する。

もし「陛下の御意向」ということで、反対意見を言えない雰囲気のなかで、十分な議論を経ずに盲目的に法整備をしたなら、それは立憲主義でも民主主義でも何でもない、かつて中国や欧州に見られた絶対王制になってしまう。

病床での昭和天皇の祈り

私は、譲位は御懸念を払拭する選択肢の一つで、大いに検討すべきものと考えている。しかし、先述した通り、歴史的に譲位には様々な問題点も有った。譲位を制度化するのは大きな危険を孕《はら》んでいる。私は当初から、譲位を制度化するのではなく、今上天皇一代限りの特措法で譲位を実現させるべきであると述べてきた。天皇陛下と国民（内閣と国会）が一体となって譲位を実現させる道を決めたなら、そこには何の瑕疵《かし》もあろうはずがない。

しかし、譲位だけが唯一の解決策ではない。昭和六十三年（一九八八）九月に昭和天皇が大量に吐血なさって以降、翌年一月七日に御事切《おんことき》れるまで、病床での闘病生活は長期間に及んだが、その時のことを思い起こしてもらいたい。

内閣の書類をご覧になることもできず、宮中祭祀もなされない状況のなかにあっても、多くの国民は「一分一秒でも長く生きて頂きたい」と願ったし、何もなされない昭和天皇を「天皇として相応しくない」と思うこともなかった。当時中学生だった私もその一人である。天皇は病床にあっても天皇であり、そのことに誰も疑問を抱かなかったのである。

ましてや「天皇として機能していないから退位してもらおう」などと発言した人はいなかった。また、そのような言論は存在すらしていなかった。それは、病床の昭和天皇は「象徴の務め」を果たしていらっしゃったからだと思う。天皇の本質は「祭り主」、つまり「祈る存在」であられること。確かに昭和天皇は病床でも国民の幸せを祈り続けていらした。

人は大病すると不安になったり我儘《わがまま》になったりすることもあると聞く。しかし、昭和天皇は痛い、辛い、怖いというような御自身のことは、ついに一言も仰らなかったという。それどころか、秋に長雨が続いていることをご心配になった昭和天皇は、侍医に「稲の方はどうか」と御下問《ごかもん》になったと漏れ伝わる。いつ命の灯火が消えるとも知れない病床の昭和天皇が、常に国民の幸せを願い、祈っていらっしゃったのである。

それだけではない。昭和天皇は死の床にいらしても、沖縄への祈りをお捧げになった。昭和天皇は激戦地だった沖縄をご訪問になる強いご意志をお持ちだったが、米国の統治下にあったため、戦後の全国巡幸で沖縄県だけご訪問が叶わなかった。昭和四十七年

（一九七二）に本土復帰を果たすが、昭和五十年（一九七五）に皇太子同妃両殿下〔現上皇上皇后両陛下〕が沖縄のひめゆりの塔で火炎瓶を投げ付けられる事件が起き、昭和天皇の沖縄行幸は遠のいた。その後も昭和天皇が強く思し召《おぼ》《め》された結果、ようやく沖縄行幸が決まったのは昭和六十二年（一九八七）のことだった。

ところが、その年から体調をお崩しになり、九月には開腹手術をお受けになったため、沖縄行幸は延期とされた。しかし、昭和六十四年（一九八九）一月にそのまま崩御に至ってしまった。昭和天皇のご生涯において最も心残りは、あるいは沖縄行幸が叶わなかったことだったかもしれない。昭和天皇が病床でお詠みになった御製《ぎょせい》からは、その無念さが滲み出る。

「思はざる病となりぬ沖縄をたづねて果さむつとめありしを」

多くの戦没者を出した沖縄に赴いて慰霊し、沖縄県民を激励することは天皇の「つとめ」であるが、それを果たせないまま病となってしまったという。この御製は、沖縄に加護があるように神に捧げた昭和天皇の祈りそのものではなかったか。

このように、何ら御公務をなさらなくとも「象徴天皇の務め」を実際にお果たしになった昭和天皇のことを思うと、最後まで天皇の位に留まって頂くことも、一つの答えになり得るのではないか。

現在の天皇陛下〔現上皇陛下〕は、まさに「全身全霊」を掛けて御公務に向き合っていらっしゃった。天皇として為すべきことを為すことこそが「象徴の務め」というお考えであると拝察する。とすれば、少なくとも昭和天皇と天皇陛下では「象徴の務め」に対するお考えが異なっているのかもしれない。だが、一見、矛盾するように思えるこの二つの価値観にも、実は矛盾は無い。「天皇は祈る存在」という根本が一致しているため、両方とも正しい天皇の在り方と思えるのである。

今、象徴天皇について、皆で考えを巡らせる良い機会を得たのではないか。

〔平成二十八年十月号〕

天皇は「象徴」であり「元首」である

象徴の意味とは

多くの国の憲法は、第一条に国体条項、その国家や民族にとって最も重要なことを掲げる。故に、その国の憲法の第一条を読めば、その国の国柄や基本的な性質を知ることができる場合が多い。

ここで、日本国憲法の第一条を確認したい。

「天皇は、日本国の象徴であり日本国民統合の象徴であつて、この地位は、主権の存する日本国民の総意に基く」

一般的に「天皇は象徴である」と理解されるが、その意味を正確に把握している人は少ないのではないか。条文によると、天皇は「日本国」だけでなく「日本国民の統合」も象徴するとされている。「象徴」とは、異質なもの同士の関係であり、具体的な物質Aが抽象的な概念Bを想起させるとき「AはBを象徴する」という。それに対して、「代表」とは同質なもの同士の関係である。

例えば、富士山を見てそこに日本を感じたなら「富士山は日本を象徴する」といえるし、桜の開花を見てそこに春を感じたなら「桜の開花は春を象徴する」といえる。富士山や桜は物質であり、近くで見ると岩と砂の塊、あるいは細胞の集まりだが、私たちがその物質を見ると「日本」や「春」という概念を感じるのであるから、富士山や桜は不思議な力を持っているといえる。

他方、代表は同質なもの同士の関係である。例えば、クラスの中からクラス委員を選ぶ場合や、取締役の中から代表取締役を選ぶ場合がこれに当たる。クラス委員はクラスを代表し、代表取締役は取締役会を代表する。

では天皇が象徴であるというのはどのような意味が有るか。私たちが陛下のお姿を拝した時に、そこに日本国を感じたなら「天皇は日本国を象徴する」といえるし、そこに日本国民の統合を感じたなら「天皇は日本国民の統合を象徴する」といえる。これが象徴の意味である。

だが、天皇を見ても日本国を感じない人もいるだろう。憲法は、全日本人に「天皇を見たら日本国を感じろ」と命じているわけではない。ではわざわざ憲法がこのような条文を掲げた意味は何であろうか。憲法の条文には必ず意味が有る。憲法は、天皇が日本国の象徴であることを期待し、それが持続することを求めていると解釈するのが妥当である。

押し付け憲法でも象徴規定は怪我の功名

では条文に「象徴」と書いたから天皇は象徴になったのかといえば、それは違う。条文に象徴規定が有るかどうかと、それが本当に象徴として機能しているかどうかは、直接的には無関係である。帝国憲法に天皇の象徴規定は無かったが、それでも戦前の天皇は日本人の多くにとって象徴だった。天皇は昔から象徴であり、先人たちも天皇に日本国や日本国民の統合を見てきたのである。

反対に、憲法に「象徴」と書けば象徴になるのかといえばそうでもない。いくら中華人民共和国憲法が「国家主席は人民統合の象徴である」と規定しても、それだけで国家主席が人民統合の象徴になるとは限らないのである。

このように考えると、帝国憲法に象徴規定は無かったが天皇は象徴であったし、日本国憲法には象徴規定が有り、実際に天皇は象徴として機能していると理解することができる。つまり、天皇は敗戦によって「象徴になった」わけではない。天皇は日本建国以来、象徴であらせられた。

東日本大震災のあと、天皇陛下〔現上皇陛下〕がテレビを通じて国民にメッセージを発せられたのを思い出して欲しい。あのお言葉こそ民の父としての天皇のお言葉であった。天皇陛下が「国民統合の象徴」であられることを、分かりやすく見ることができた。あのようなお役割を担っていらっしゃるのは、陛下お一人ではなかろうか。多くの国民が陛下のお姿に「日本国」「日本国民の統合」を見ていることを、私はとても尊いことと思う。二〇〇〇年来変わることのなかった天皇と国民の絆にこそ、日本の本当の国柄があると思うからである。

このように考えると、戦後GHQ（連合国軍総司令部）から押し付けられた憲法であっても、愛おしく思える箇所もある。前文や第九条をはじめ、違和感を覚える箇所は多々あるも、全てが間違いではなく、日本の国柄に馴染む条文も有るといえる。第一条が天皇を「象徴」と規定したことは、怪我の功名のようなものではないか。占領軍が押し付けた割には、とてもしっくりする内容だと私は思う。

そもそも、天皇を存置することにこだわったのは、マッカーサー元帥その人だった。米国内では天皇廃止の怒号が響いていたが、元帥は本国政府に天皇を存置するよう求める電文を送っている。また元帥は、ＧＨＱ民生局に憲法の起草を命じる際に、いわゆる「マッカーサー三原則」を示して、天皇を国家元首として残す方針を伝えていた。

「元首」と認めない憲法学者

そこで問題となるのが「元首」である。大日本帝国憲法第四条は天皇が元首であることを明記している。他方、日本国憲法には規定が無い。日本の憲法学界では、天皇は元首では無いという見解が、通説として支持を得ているが、その見解には大きな疑問がある。

日本国憲法第六条と第七条には、内閣総理大臣の任命、国会の召集、法律の公布、外国大使の接受など十二項目が、天皇が行う国事行為として明記されている。世界の比較憲法学では、これらを行う機関を「元首」と呼んでいる。

また、元首だからといって、国の政治を動かす権力を持つとは限らない。ドイツの首相は権力を持つが、ドイツの大統領は儀礼的な存在で、何ら国の政治を動かす権力を持っていない。それでもドイツ大統領は国家元首である。同じように、天皇も政治を動かす権力は保持していないが、内閣総理大臣を任命するなどの行為を行うことから、天皇が元首であるというのはむしろ当然のことである。

しかしながら、日本の憲法学界は天皇を元首とは認めない。では問いたい。一体誰が日本の元首であるかと。「いない」と答えることはできない。国家がある以上、必ず元首は有る。現行憲法に元首規定が無いからといって、元首不在ということにはならない。

内閣総理大臣は、天皇から任命される存在であるから、元首たり得ない。首相を任命するのが国家元首（君主国にあっては君主）であることは比較憲法学上の常識である。例えば、英国やカナダでは国王が首相を任命し、ドイツ、フランス、イタリア、ロシアでは大統領が首相を任命し、中国では国家主席が首相を任命する。そして、これらの国では、国王、大統領、国家主席はいずれも国家元首に該当する。

大使が着任する際に、大使が持参する信任状は、国家元首が国家元首に宛てる文書であるが、実務上、外国大使の信任状を受け取るのは天皇であり、また日本が大使を外国に派遣する際に持たせる信任状は、天皇が発給する。もし天皇が国家元首でなければ、日本は国際的に偽りを働いていることになろう。

また、オリンピック憲章では開催国の元首が開会宣言をすることになっている。東京五輪と札幌五輪では昭和天皇が、また長野五輪では天皇陛下〔現上皇陛下〕がそれぞれ開会宣言をなさった。これとて、もし天皇が元首でなければ、世界を騙していることになろう。したがって、たとえ現行憲法に元首規定が無くとも、天皇は元首なのである。

さて、自民党の改憲案に、天皇が元首であることを明記する案が含まれている。憲法に元首を明記すると、天皇は「象徴」から「元首」に変更されると勘違いしている人が多いように見受けられる。しかし、憲法に書いてあっても書いてなくても、天皇は昔から「象徴」であり「元首」であった。

にもかかわらず、元首明記が議論されるのは、日本の憲法学者たちが「天皇は元首では無い」と主張しているので、そのような見解を封じ込めるために「明記した方が良い」というに過ぎない。明記したところで、天皇の本質は何ら変わらないのである。ただ「象徴が元首になる」と誤解されるくらいなら、元首を規定せずに今のままで良いと私は思う。

（平成三十年一月号）

ルパン三世が天皇になれない理由

天皇が天皇であることの証

皇位継承の根本は「三種の神器の継承」に尽きる。三種の神器とは、初代天皇より皇位継承の度に皇位と共に受け継がれたもので、昭和天皇崩御の約三時間半後に皇居で剣璽等承継の儀が行われ、現在の天皇陛下〔現上皇陛下〕がお引き継ぎになったものである。

三種の神器は、鏡と剣と勾玉の三種で、それぞれ八咫鏡《やたのかがみ》、草薙剣《くさなぎのつるぎ》、八尺瓊勾玉《やさかにのまがたま》と呼ばれる。『古事記』によれば、鏡と勾玉は神代において、神々によって作られたものであり、また草薙剣は八岐大蛇《やまたのおろち》の尾から出現したと語られている。その神器は、天照大御神《あまてらすおおみかみ》が邇邇《にに》芸命《ぎのみこと》を地上に降臨させるに当たり持たせたもので、邇邇芸命の曾孫に当たる神武天皇から、皇位継承の度に受け継がれてきた。

故に、三種の神器は「天皇が天皇であることの証」とされ、三種の神器の有るところに玉体が有り、また玉体が有るところに三種の神器が有るとされる。よって、天皇が禁裏《きんり》からお出になる際は、必ず三種の神器の内、剣と璽《じ》（勾玉）を伴うこととされ、それは終戦まで続けられた。これを剣璽御動座《けんじごどうざ》という。かつて馬車やお召列車には剣璽を奉安する台が設置されていた。ちなみに、天照大御神の神霊が宿る八咫鏡については、行幸に際しての御動座は無い。

戦後は、即位後の神宮参拝と、式年遷宮後の神宮参拝に限り、剣璽御動座が行われてきた。このように、天皇と三種の神器は不可分一体なのである。三島由紀夫《みしまゆきお》をして、日本人が最終的に守るものは「三種の神器」と言わしめた意味はそこにある。三種の神器さえ残れば皇統は維持されるが、それが失われたら皇統そのものが消滅することになる。

ここで、皇居に有る三種の神器と、伊勢と熱田に有る神器との関係について整理しておきたい。第十代崇神《すじん》天皇の時代に、より丁重にお祀りするために、鏡と剣が皇居の外に出された。この際に、宮中でも祭祀を継続するため、新たに鏡と剣の形代《かたしろ》が作られ、御霊分《みたまわ》けをした。そして鏡の原本は伊勢で、また剣の原本は熱田でお祀りすることになった。

したがって、壇ノ浦の合戦で安徳《あんとく》天皇とともに海中に消えた三種の神器は、鏡と剣については形代だったことになる。鏡は船上に残され、また勾玉は数日後に岸に打ち上げられているのが発見された。この際に、剣の形代は発見されず失われたため、伊勢の神宮から剣を受け、再び御霊分けをして現在皇居で奉安されている。つまり、神代から受け継がれた三種の神器（原本）は、鏡は伊勢の神宮、剣は熱田神宮、勾玉は皇居に有り、また鏡の形代と剣の形代は皇居に有るということになる。

昭和天皇から現在の天皇陛下に神器が継承された際、伊勢の神宮の御神体である八咫鏡と、熱田神宮の御神体である草薙剣も、皇位と共に伝わる御由緒物として相続税非課税で陛下に相続されている。

三種の神器を入手しただけでは駄目

では三種の神器さえ手にすれば誰でも天皇になれるかといえば、そうではない。例えば怪盗ルパン三世が皇居に侵入して三種の神器を盗み出しても、ルパン三世は天皇にはなれない。三種の神器は、正統な人が、正統な時期に、正統な場所で、正統な方法によって継承され、かつそれが神と社会によって承認されなければならない。それを担保するのが数々の皇位継承儀礼なのである。

皇位継承の条件に三種の神器の継承は含まれていないため、特定の日時が到来した瞬間に、法的に新天皇は成立する。しかし、それは飽くまでも法的に成立しただけの話で、歴史的、社会的、宗教的な天皇の成立はその後の儀礼によって形作られていくことになる。

法的な天皇の成立は、条文から明らかである。皇室典範は「天皇が崩じたときは、皇嗣が、直ちに即位する」と規定している。昭和天皇が崩御あらせられたのは、昭和六十四年一月七日午前六時三十三分であった。現在の天皇陛下〔現上皇陛下〕はその時間丁度に、何ら手続きを踏むことなく、法的に天皇に「即位」なさったことになる。

今回は譲位なので皇室典範ではなく、特例法が適用される。特例法は天皇の退位と新天皇の即位は「政令で定める日から施行する」とし、内閣はその日を平成三十一年（二〇一九）五月一日と閣議決定した。したがって、新天皇は、同日を迎えた瞬間、つまり深夜〇時の時点で、何ら手続きを踏むこと無く、法的に天皇に即位なさることになる。もしこれを一般の結婚に例えるなら、役所に婚姻届けを出すことに該当するかもしれない。婚姻届けを提出したら法的な婚姻は成立するのと同じである。

期日を迎えて法的な天皇が完成しても、完全な天皇が成立するまで、いくつか行事を踏まなければならない。そして最初に行われるのが三種の神器の継承である。これが剣璽等承継の儀で、五月一日の午前中に実施されることが決まっている。この儀式では、神器だけでなく、日本国の実印と天皇の実印に該当する国璽《こくじ》と御璽《ぎょじ》も継承される。この儀式は、新天皇が最初になさる国事行為としての儀式でもある。これにより、「歴史的な天皇」が成立するといえよう。三種の神器を継承することが皇位継承の本義であることは、最初にこの儀式が行われることからも分かる。ここから、この神器の継承が正統であるか、検証する行事が続く。

もし三種の神器の継承を一般の結婚に例えるなら、当人同士の結婚の合意に該当するかもしれない。結婚の本義は両性の合意であり、これは憲法にも定められている。

大嘗祭で「完全な天皇」が成立

次の段階が、同様に国事行為として行われる即位礼正殿の儀である。この儀式は天皇陛下が御即位を公に宣明なさり、その御即位を内外の代表が言祝《ことほ》ぐことを趣旨としていて、次のような次第で行われる。天皇陛下が高御座《たかみくら》に、皇后陛下が御帳台《みちょうだい》にお登りになり、天皇陛下が即位を宣明なさる。それを受けて、内閣総理大臣が寿詞《よごと》を述べ、内閣総理大臣の音頭で万歳三唱を行う。

この儀式の出席者は、皇族方、外国元首夫妻、祝賀使節、駐日大使等夫妻、三権の長夫妻、国務大臣夫妻、国会議員、認証官、事務次官、元三権の長夫妻、地方公共団体の代表夫妻、民間各界の合計約二五〇〇名となる。新天皇の即位礼正殿の儀は、今年〔令和元年〕の十月二十二日に予定されている。

この儀式が滞りなく行われれば、この皇位継承が日本社会および国際社会に承認されたことを意味する〔約二〇〇〇名を招いて行われた〕。もし正統な皇位継承でなければ、これらの面々が挙って祝賀に駆け付けることはあるまい。ルパン三世の即位礼正殿の儀で内閣総理大臣が寿詞を述べるなど、あり得ないことである。もし即位礼正殿の儀を一般の結婚に例えるなら、披露宴に該当するかもしれない。両親、親戚、学友らが祝福する結婚披露宴が行われれば、当人の「社会」がこれを承認したことになろう。

そして迎える最終段階が皇室の行事として行われる大嘗祭《だいじょうさい》である。新天皇が最初に斎行なさる新嘗祭《にいなめさい》を大嘗祭と申し上げ、通常の新嘗祭とは異なって大規模に行われる。大嘗祭に当たっては、悠紀殿《ゆきでん》と主基殿《すきでん》から構成される大嘗宮が建てられる。新天皇は両神殿で、神饌《しんせん》を神に供し、告文《つげぶみ》を奏して神と直会《なおらい》する。

もし大嘗祭を一般の結婚に例えるなら、神社や教会で行われる結婚式に該当するかもしれない。神前式を挙げることで、その結婚が神に承認されるのと同じである。『古事記』には、間違った祭祀をすると祟りが起きるという逸話がいくつも書かれている。例えば、三輪山祭祀について、祭主が正統な人物でないということで祟りが起き、祭神の男系の男子を祭主にしたところ祟りが収まったという話や、出雲大社に関しても宮殿を建て替えることで祟りが収まったという話がある。間違った祭祀はそのようにして正されるのである。

これは天皇の祭祀も同じであり、つまり、三種の神器を受け継ぐ者が正統な血統を継いでいない、あるいは不正な方法で皇位継承が行われようとしていたなら、祟りが起きるという考えである。ということは、滞りなく大嘗祭が斎行されたなら、それは新天皇の即位が神によって承認されたことを意味する。これにより、霊的な意味における天皇、あるいは宗教的意味における天皇が成立する。

このように、第一段階の日時の到来により法的な天皇が成立し、第二段階の三種の神器を継承することで歴史的な天皇が成立し、第三段階の即位礼を行うことで社会的な天皇が成立し、そして第四段階の大嘗祭を行うことで宗教的な天皇が成立する。したがって、即位礼と大嘗祭を経ることで、神器の継承が正しく行われたかどうかが検証され、大嘗祭をもって、非の打ちどころの無い「完全な天皇」が成立することになる。

三種の神器の継承こそが皇位継承の本義なのである。

（令和元年五月号）

大嘗祭と憲法の関係

祭祀の詳細は「秘儀中の秘儀」

天皇陛下〔現上皇陛下〕の譲位に伴う即位の礼と大嘗祭への国費支出が政教分離を定める憲法に違反するとして、キリスト教や仏教の宗教者を含む二四一名が平成三十年（二〇一八）十二月十日、国を相手に、支出の差し止めと一人当たり一万円の損害賠償を求める訴訟を東京地裁に提起した。この項では大嘗祭と憲法の関係について考察したい。

大嘗祭は、皇位継承に伴う最も重要な宮中祭祀に位置付けられている。毎年十一月に新嘗祭が行われているが、新天皇が即位後に初めてなさる新嘗祭が大嘗祭なのである。『古事記』『日本書紀』にも記述があり、飛鳥時代以前から行われていたと考えられている。祭祀の次第は大雑把に説明されることがあるが、その詳細は非公開で「秘儀中の秘儀」といわれる。

平成の大嘗祭は平成二年（一九九〇）十一月二十二日から二十三日にかけて行われた。

皇居東御苑に荘厳な大嘗宮が建てられ、その建築費を含め二五億六〇〇〇万円が、国費である「宮廷費」から支出された。昭和から平成への代替わりの際にも、政教分離に違反するという趣旨の訴訟が各地で提起されたが、いずれも原告が敗訴し、棄却されている。その内、最高裁判決は三例ある。いずれも住民訴訟で、知事等の儀式への参加の合憲性が争われた。最高裁は、知事等の参列は、いわゆる「目的効果基準」に照らし、政教分離原則に反しないとして、被告である県が勝訴した。

憲法は第二十条三項で「国及びその機関は、宗教教育その他いかなる宗教的活動もしてはならない」、また八十九条で、公金は宗教上の事業に支出してはならない旨を定めている。国家と宗教を分離することで、間接的に信教の自由を保障するのがその趣旨である。しかし、国家が宗教と一切関係を持つことができないというのは現実的でなく、あまり厳格に政教分離を実施すると、社会的に様々な歪みや損失が生じ得る。

例えば、全国に点在する無数のお地蔵さんは、ほとんどが公道の道端にあって、地代を払っていない。宗教施設に無償で土地を貸与しているとしてこれを禁止した場合、全国のお地蔵さんの大半は破却されることになる。あるいは、宗教的文化財の保護のために補助金を支出することもできなくなる。このように、政教分離原則は、国家と宗教の関係を一切絶つことを求めるものではなく、一定の範囲で関係を持つことが認められると解される。

すると、どのような基準で判断するかが問題となるが、昭和五十二年（一九七七）七月十三日の最高裁判決（津地鎮祭訴訟）により示された「目的効果基準」がその後も用いられている。すなわち「行為の目的が宗教的意義をもち、その効果が宗教に対する援助、助長、促進又は圧迫、干渉等になる」か否かをもって判断するということである。

天皇は平等原則の「例外」

そこで、即位の礼と大嘗祭に国費を投入することが目的効果基準に照らして合憲か否かが問題となる。しかし、最高裁は、知事等の参列の合憲性については憲法判断を下したが、国費投入の合憲性に関してはこれまで憲法判断を下していない。そのため、この度提起された訴訟により、国費投入の憲法判断が示されるかが注目される。

思うに、平成の大嘗祭に関する最高裁判決は、大嘗祭が「皇位継承の際に通常行われてきた皇室の重要な伝統儀式である」こと、「天皇の即位に祝意を表する目的で行われた」ことを理由に、知事等の出席は目的効果基準に照らして合憲と判断しているため、同じ理由で大嘗祭への国費支出も合憲という判断が示されるのではないかと見られる。同様に、平成の即位の礼に関する最高裁判決は、即位の礼は「伝統的な皇位継承儀式」とし、目的効果基準に照らして合憲と判断した。やはり、同じ理由で即位の礼への国費支出も合憲という判断が示されるものと思われる（東京地裁は平成三十一年（二〇一九）二月、支出差し止め請求については「訴えが不適法」として、却下する判決を言い渡した）。

また、この度提起された訴訟では損害賠償金も請求されているが、これについて大阪高裁は、たとえ大嘗祭等への国費支出により人格的尊厳が傷付けられたとしても、それは自己の見解と相反することに国費が支出されたり、国事行為や公的な皇室行事への憤怒の情や不快感などといったものであって、損害賠償により法的保護を与えなければならない利益には当たらないとして、請求を棄却した。今回の違憲訴訟でも、損害賠償の請求は、これと同じ理由で棄却されるものと思われる。

これまでがそうであったように、皇室に関係することの合憲性が裁判で争われることは今後も続くであろう。しかし、日本国憲法が伝統的かつ「祭り主」である「天皇」を残した以上、憲法はそのような天皇の存在を前提としているといわねばならない。憲法と一般法であれば、憲法が上位規範であるから、憲法に反する法律は無効であるが、憲法の条文同士が矛盾する場合は問題となる。しかし、そのような場合は「矛盾が無いように解釈する」というのが法学の基本である。憲法の条文を、条文毎に上位規範と下位規範に峻別することはできないからである。

例えば日本国憲法には平等原則が明記されているが、天皇が世襲であることも明記されている。平等原則を貫くなら、世襲の天皇はその原則に違反することになるし、逆もまた然りである。同様に、憲法には政教分離原則が明記されているが、「祭り主」である天皇についても規定されている。これら一見矛盾とも思える問題は、「原則」と「例外」で理解される。平等や政教分離は「原則」なのであって、天皇はその「例外」として理解するのが正しい憲法解釈である。

およそ原則には例外が有る。例えば「人を殺すのは罪である」という人類共通の規範ですら例外が有る。例えば、正当防衛がそれに当たる。他人から襲われそうになって自らの身を守るために相手を殺傷しても、その行為が過剰でなく正当な範囲であると認められれば、罪に問われない。また、死刑や戦争など、国家が殺人を行うことが認められる場合もある。

このように、規範には例外が有るものであって、憲法第一条から第八条までは天皇に関する条文が有るが、それらはその他の憲法規定に何ら矛盾することはないと解さなくてはならない。

「御手元金」なら良いのか

さて、国費ではなく天皇陛下の御手元金から支出したら問題は無いのであろうか。宮中では年間を通じて数々の祭祀が行われている。宮中祭祀は、憲法の定める国事行為に含まれず、また宗教的性質が強いこともあって、その費用は国費ではなく天皇陛下の御手元金から支出される。

内廷費とは、皇室経済法に基づき天皇及び内廷にある皇族の日常の費用などに充当されるために支出される費用で、皇室経済法施行法によって定められる額が毎年支出される。金額は定額制で、平成八年度に三億二四〇〇万円と規定されてから変更されていない。

内廷費は、宮内庁が管理する公金ではなく、陛下の御手元金となり、余剰が生じても返還する義務は無く所得税と住民税が課されることもない。ただし、御手元金が相続された際には相続税の課税対象となる。昭和から平成への御代替《みよが》わりに当たり、陛下は昭和天皇から御手元金をお引き継ぎになったことで、相続税を納税なさった。

しかし、大嘗祭の費用は前回が二五億六〇〇〇万円と、内廷費で賄うことは難しい。また、次の大嘗祭は五輪需要などで人件費や資材が高騰していることもあって、前回と同規模なら到底この金額では収まらないと指摘されている。もし大嘗祭の費用を内廷費で賄うなら、今年だけは特別に内廷費を十倍にしないといけない計算になる。しかし、それをしたら違憲訴訟の原告らは納得するのであろうか。宮廷費と内廷費は、公金と御手元金の違いはあるものの、結局どちらも税金ではあるまいか。それで彼らが納得するなら一年限定で内廷費を十倍にしたら良いのではないか。だが、結局何をしても反対する人はいるであろう。

即位の礼と大嘗祭を行うことは一〇〇〇年以上の伝統であり、近現代も実施されてきた。憲法が「祭り主」である天皇を残した時点で、祈る天皇は合憲であるし、その前提としての祭祀の継承儀式である大嘗祭も合憲であることは明らかである。そして、天皇に個人的収入を認めない以上、その祭祀に税金が投入されるのはむしろ当然である。もしそれが嫌なら、憲法を改正して、英国王室のように天皇の副業や、民間が皇室に寄付することを認めなければならない。

（平成三十一年二月号）

昭和天皇の御真影

「表現の自由」の問題ではない

あいちトリエンナーレ二〇一九「表現の不自由展・その後」では、昭和天皇の御真影を焼いて踏みにじる映像や慰安婦像が展示され、猛烈な批判と脅迫を受けて展示会自体が中止に追い込まれた〔令和元年八月三日に中止が発表された後、十月八日に再開、同十四日閉幕した〕。これまで多くの論点が提示され、議論は混乱の様相を呈しているため、問題の本質を探っていきたい。

日本国憲法は「表現の自由」を保障しているため、展示内容を理由に開催を中止したら、憲法違反だという指摘も多いが、それは全く的外れな意見である。そのような主張をする人は、表現の自由の意味を知らない人である。実はこの問題は、憲法の問題でもなければ、表現の自由の問題ですらない。その理由をこれから説明する。

第一に検討したいのは、この展示が違法かどうかである。慰安婦像の展示については違法性が無いのは明らかだが、昭和天皇の動画については検討を要する。同展示が犯罪なら警察が動く。だが今回はそのような気配は無い。昭和天皇の動画については侮辱罪も名誉棄損罪も成立しにくい。死者に対する侮辱罪は成立しないし、死者に対する名誉棄損罪は成立の余地は有るも、名誉棄損罪は名誉を棄損された本人が告訴しない限り、公訴を提起することができない類型の犯罪である。しかし、上皇陛下が昭和天皇の遺族として展示会主催者を告訴するとは考えにくく、歴代天皇の名誉棄損で内閣総理大臣が代位して告訴した事例も無い。また、民事上の請求も考え難いし、行政法上の問題も検討の余地はあるものの、特に思い浮かばない。

つまりこの問題は、法的問題なのではなく、道徳的倫理的な問題であり、そのような展示や税金の使い方を社会が容認するかどうかが問われているのである。

第二に検討したいのは、「表現の自由が保障されている」ということの意味である。「嫌がる人がいようと表現の自由は憲法によって守られている」という開き直りは通用するであろうか。

憲法が表現の自由を保障しているというのは、実はそのような意味ではない。公権力が表現の自由を制限するには、公共の福祉に反するなどの正当な理由が必要で、しかも適正な法の手続きによらなければならないという意味である。公権力が憲法に反する立法や法の適用ないし処分をした時、はじめて「憲法違反」といわれる。

仮にこの表現物が人を不愉快にさせるものであっても、それを理由に公権力が展示を中止させる法的根拠もなければ権限もないのであるから、この展示会の問題で憲法の「表現の自由」を持ち出すこと自体が筋違いである。同美術展は愛知県が主催するもので、脅迫によって中止されたのであるから、県ではなく私人による表現妨害の問題と見なければならない。本件は、犯罪者によって表現の自由が制約された事案である。

「検閲」を持ち出す無知

第三に検討したいのは、表現内容を理由に行政側が展示を中止すると検閲に当たるのかという問題である。芸術監督である津田大介《つだだいすけ》氏は会見で「憲法二十一条で禁止された『検閲』に当たる」と述べ、また河村《かわむら》たかし名古屋市長から抗議を受けた大村秀章《おおむらひであき》愛知県知事が「憲法二十一条のいう検閲と取られても仕方がない」と発言している。

だがこの見解は完全に誤りである。最高裁は検閲の意味を明確に示していて、今回のように、特定の展示会での展示が問題となっていて、別の場所での展示まで禁止されていなければ検閲には当たらない。かつて教科書検定制度が検閲に当たるか争われた裁判でも最高裁は、たとえ検定に不合格になった図書でも、一般図書として「思想の自由市場」に登場させることは可能であることを理由に、検定制度を合憲と判断した。

検閲の意味は少し調べれば簡単に分かりそうなものであるが、両氏はそれをしなかった。法学の素人である津田氏が法的に誤った見解を述べたのはともかく、卑《いや》しくも県知事の職にある者が、最高裁とは異なる定義で「検閲」を語り、名古屋市長を「憲法違反」と罵《ののし》ったのは、極めて不適切であると指摘しておきたい。

第四に検討したいのは、公共の施設で税金によって展示会が行われたことの意味である。今回の展示が、民間施設で民間の費用により行われたのであれば何の問題も無かった。実は今回の問題の本質は、税金の使われ方が適切であったかどうかにあるといえる。

具体的にいえば、昭和天皇の御真影を焼いて踏む動画や慰安婦像が展示されることを議会が承知していたか、あるいは予見していたかが問われる。承知していないうえに予見もしていなかったのであれば、財政民主主義の観点からその税金の使い方は不適切であったとの誹《そし》りを受けなければならない。

日章旗を毀損しても罪にならない不思議

表現とは命がけの行為である。自分の為した表現が、ある人の名誉を毀損し、誇りを踏みにじり、信仰を侮辱すると、経済的制裁を受け、あるいは社会的制裁を受け、場合によっては殺されることもある。世界では聖典や宗教指導者を侮辱して殺された人は枚挙に遑《いとま》がない。

昭和天皇の御真影を焼いて踏み付ける映像は、国旗を燃やすパフォーマンスと似た性質があると思う。国旗はその国を象徴するものであり、国旗を燃やす表現が芸術と評価されることもない。我が国においては、憲法第一条で天皇は日本国および日本国民統合の象徴である旨が明記されている。御真影を燃やすことと、国旗を燃やすことは「象徴を毀損する」という点で同じ性格を持つ。

日本では不思議なことに外国の国旗を毀損すると罪になるが、日章旗を毀損しても罪にならない。そこで、国旗毀損が犯罪にならないからと、日の丸を燃やすパフォーマンスを実施したらどうであろうか。このような行いは、合法か違法かに関わらず、社会は受け入れないだろう。ましてそれに税金を投入していたのであれば、批判されて当然である。この時「表現の自由」を持ち出しても、それは決して免罪符になりはしない。

展示会の開催前に行われた津田氏と批評家の東浩紀《あずまひろき》氏との対談動画を見た人の中には、天皇に関する展示について、ふざけ半分に語っている津田氏の言葉と態度に、嫌悪感を覚えた人は多いと思う。

東氏が、税金を使って天皇をモチーフにした展示をすることの懸念に言及すると津田氏は「でも二代前じゃん。二代前になると、人々の記憶も、二代前だし、『なんか歴史上の人物かな』みたいな、そういう捉え方もできるかもしれない、とかね」と、体をコミカルに動かしながら述べていた。そこには、この展示会を実行する上での覚悟や責任感を感じることはできない。

「表現の不自由展・その後」では、脅迫こそあったものの、実際に危害を加える人はいなかった。かつての日本で、思想を理由に多くの人が殺された。だが、日本は既に成熟し、今や暴力で思想や言論や表現を抑え込む時代ではなくなった。社会が成熟していることを良いことにあの展示をしたのなら、単なる危険な遊びでしかない。

中止に当たり津田氏は「想定以上」の事態が起きたと述べた。多くのクレームや脅迫を受けることを予期できなかったなら、想像力が乏しいといわざるを得ない。

この展示会は表現の自由について一石を投じる意図が有ったようだが、ならなぜ反日の偏った思想から作られたものだけを展示したのか。これでは「表現の不自由」とは単なる看板に過ぎず、実体はただの「反日展」に成り下がっている。これでは憲法の皮を被って税金を使って「日本ヘイト」をしたに等しい。

ベトナム戦争の際に韓国兵がベトナムで強姦を繰り返して、多くの混血児（ライダイハン）が生まれたことは歴史の事実であるが、もし同展示会に、慰安婦像の隣にライダイハン像を並べて展示したらどうであったか。「表現の不自由」という重たいテーマを突き付ける内容になった可能性もある。

それにしても、何が展示できて何が展示できないか実験しても意味は無い。以前展示できなかったものが展示できる世の中になるために、「ジャーナリスト」として言論の力によって社会を変えていく気概は津田氏には無いのだろうか。

作家の百田尚樹《ひゃくたなおき》氏によると、紀伊國屋書店が同氏のサイン本を扱ったところ、津田氏は同書店の不買を呼び掛けたという。自分の気に食わない表現は弾圧し、他方で自分の表現には「表現の自由」を主張するというのは虫が良すぎる。

津田氏は中止の会見で詫びたが、この展示で傷付いた多くの日本人に対して一言の謝罪も言及もなかった。彼は被害者ではなく加害者である。あの展示により深く傷付いた人がいることに目を向けなければならない。私に送られてきた、一人の愛知県民のメッセージをここに掲載する。
「実は二〇一〇年の第一回あいちトリエンナーレに中学校のアート部から参加したことがあります。運動も勉強も苦手だった私が初めて学校代表になれました。それはもう嬉しかったです。一三年、一六年にも欠かさず友達と遊びに行きました。あいちトリエンナーレは私たち愛知県民が育ててきた三年に一度のお祭りだったんです。私には中学時代の宝物が入った三年に一度開くタイムカプセルでした。それが奪われ、壊されました。悔しさで胸が張り裂けそうです」

（令和元年十月号）

第三章　皇室制度と男系維持

皇室典範に口を挟む国連

女子差別撤廃委の不適切な見解

国連女子差別撤廃委員会が平成二十八年（二〇一六）三月七日、日本への最終見解を発表した。しかし、産経新聞によると、当初案では「特に懸念を有している」として「皇室典範に男系男子の皇族のみに皇位継承権が継承されるとの規定を有している」と述べられ、母方の系統に天皇を持つ女系の女子にも「皇位継承が可能となるよう皇室典範を改正すべきだ」と勧告する文言が含まれていたという。日本側のジュネーブ代表部公使が同委員会副委員長と面会し、反論して削除を求めた結果、最終見解では皇室典範に関する記述は削除されたらしい。ということは、日本側が抗議しなければ、最終見解にこれが盛り込まれていたということだろう。

国連女子差別撤廃委員会は、昭和五十四年（一九七九）に署名された女子差別撤廃条約の実施状況を審査する組織として設置され、外部専門家の委員によって構成されている。

このような国連機関が、日本の皇位継承制度は性差別であると指摘することは、多くの日本人が想像もしていなかったことと思う。

この点につき安倍総理は平成二十八年三月十四日の参議院予算委員会で「わが国の皇位継承のあり方は条約のいう女子に対する差別を目的とするものではないことは明らかだ。撤廃委が皇室典範について取り上げることは全く適当ではない」と不快感を顕わにし、「わが国の皇室制度も諸外国の王室制度もそれぞれの国の歴史や伝統が背景にあり、国民の支持を得て今日に至っている」と発言した。当然であろう。

日本は、二〇〇〇年以上の長きに亘り、例外無く皇位は男系により継承されてきた。一二五代の歴代天皇のなかには、十代の女性天皇の例があるが、「先帝の娘」など、いずれも男系の女子であり、女系の子が即位した事例は無い。男系の血筋を受け継がない者が即位した例は無いのである。皇位継承の原理は日本国の国体原理そのものである。したがって、これを国連などにとやかく言われる筋合いは無い。

確かに国連憲章第一条に、国連の目的の一つとして人権の尊重が掲げられているが、国民の自決、主権国家としての自決は、国連成立以前から国際社会で尊重されてきた基本事項である。果たして女子差別撤廃委員会は日本の皇室制度に文句を付けるに当たり、日本の文化や伝統を尊重し、あるいは敬意を表した形跡は有るだろうか。否、日本政府から抗議を受けて取り下げたことからも分かるが、十分な検討を経ずに書き込まれたものであると思える。

男系継承は男子を締め出すのが趣旨

そもそも皇室制度の内容を理解すれば、あのような結論に至ることはあり得ない。女子差別撤廃委員会の考えは、「女子だからといって天皇になれないのは可哀想」というものである。これは、天皇になるのが何かの権利であるという前提に立っているが、果たして天皇になるのは「権利」なのであろうか。

よく「皇位継承権」という言葉が使われ、皇族男子に皇位継承順位という数字が付されることもあって誤解されやすいが、天皇に即位するのは「権利」ではなく「義務」である。

天皇には、一般国民が憲法で保障されている人権というものがほとんど無い。例えば、選挙権、被選挙権、居住移転の自由、言論の自由、宗教の自由、政治活動の自由等々、天皇に有るわけもないし、一度即位すると、天皇を辞める自由も無い。

にもかかわらず、その星に生まれた者が運命を背負って皇位に就き、民の父母として、国民一人びとりの幸せを祈るのが尊いのである。清朝の皇帝や、フランスのルイ王朝の王のように、権力闘争の末に王座に就き権勢を振るうのと同じものとして天皇を捉えると、大きな間違いを犯すことになる。日本の皇室のことを知る者は「天皇になれなくて可哀想」と思うことは無い。

世の中に様々な種類の職業や地位が有る。実際にその職業に就けるかどうかは、本人の実力や運など、多くの要素に左右されるが、如何《いか》なる職業や地位にも就く方法は必ず有るだろう。しかし「天皇」だけには「成る方法」は存在しない。

つまり、どれだけ頭が良くても、人気が高くても、努力しても、人格が優れていても「天皇」だけには「成る方法」は無いのである。天皇になる運命の者が、その宿命を粛々と背負っていくから、天皇は尊い。したがって、天皇を何か甘い汁を吸える地位であるかのような発想で話をするのは間違いで、女子差別撤廃委員会が、天皇を理解していない証である。

天皇は「血統の原理」なのであって、天皇から血統を取り上げてしまったら、それはもはや「天皇」と呼べるものではなくなってしまうと考えなくてはいけない。

では男系継承の制度趣旨は何であろうか。これについては様々な角度から解説されてきたが、ここでは決定的なことを一点だけ述べておきたい。

男系継承は宮廷から女子を締め出すのが目的ではなく、実際はその逆で、宮廷から男子を締め出すのが趣旨である。皇室は確認できるだけでも一八〇〇年以上、蘇我氏、藤原氏、足利氏をはじめ、多くの民間出身の女子を后として受け入れてきた。だが、民間出身の男子を皇族に迎え入れたことは、唯の一度の先例も無い。そう考えると、皇位の男系継承は、女子差別には当たらないのである。

日本だけの押し付けなら「日本差別」

次に、安倍総理がいみじくも「国民の支持を得て今に至るものである」と指摘した点についても考えてみたい。

よく現在の皇室制度の歴史は明治からであると言われる。確かに皇室制度が法律の条文に規定されたのは明治時代のことだが、実は、それは二〇〇〇年以上継承されてきた皇室の慣習法が基本になっていて、それを明治以降に条文に書き起こしたに過ぎない。

日本では、いつの時代をとっても、国民が天皇を支えながら歴史を刻んできた。もし日本人にとって皇室が不要なものであれば、とっくに皇室は滅びていたに違いない。そして、現在も国民の圧倒的多数が皇室に親しみを持ち、皇室を支持しているのである。国柄の根本を「国体」というが、天皇と国民の繋がりは「国体」そのものといえる。日本から「天皇」を取り払ってしまったら、それはもはや「日本」ではないといえば大げさに聞こえるかもしれないが、それほど、天皇と国民の繋がりは、日本の国柄の根本を形成しているのである。

国連の女子差別撤廃委員会が男系継承の皇室典範を改定するように勧告することは、『古事記』と『日本書紀』の原理を変更するように求めるのと同じで、これは日本が日本であるのを止めるように勧告するに等しい。「聖書やコーランに差別的なことが書いてあるから書き換えろ」と言うのに等しいと表現すれば分かりやすいだろうか。

安倍総理が述べたように、皇位の男系継承は、第一に、女子差別に当たらず、第二に、国民の支持を得て今に至るものである。天皇の何たるかも知らない国連が、その在り方を「勧告」するのは根本的におかしいのだ。はっきりいえば、おこがましいにも程がある。

それに「女だから天皇になれないのは可哀想」というのは、決して、日本以外の世界の常識にも適ったものでもない。

女性がローマ法王になった例がこれまであるだろうか。女性がユダヤ教のラビになった例があるだろうか。

日本だけに押し付けられるのであれば、それは「日本差別」である。

（平成二十八年五月号）

◇

上皇陛下の譲位を契機に、皇位継承問題が盛んに議論されるようになった。左派や野党が、女性女系天皇や女性宮家創設を強く求めていて、今後もこの議論は続くと思われる。伝統的な皇位継承の原理は女性蔑視の上に成り立っていると勘違いされる傾向があるが、この問題は本書を読み進めれば分かるように、女性蔑視とは全く無関係である。にもかかわらず、国連の委員会が日本の皇室制度を女性蔑視であると断定して非難するという暴挙に出たことに対して、日本人は毅然として反対しなくてはならない。

男系を守ろうとなさった三笠宮殿下

現皇室の礎を築いた「大殿下」

三笠宮崇仁《みかさのみやたかひと》親王殿下が平成二十八年（二〇一六）十月二十七日午前八時三十四分、薨去《こうきょ》遊ばされた。御年百歳でいらっしゃった。臣民の一人として心から哀悼の意を表したい。

殿下は、戦時中は皇族軍人そして弟宮として昭和天皇をお支えになり、戦後は国民から親しまれる皇室を築く上で絶大なお力を発揮なさった。現在の皇族方が、様々な御活動をなさり、国民との間に多種多様な接点をお持ちになっておいでなのも、宮様がその基礎をお作りになったからではないかと思う。皇族最長老でもいらっしゃり「大殿下《おおでんか》」として親しまれた宮様だった。

殿下と妃殿下との間には男のお子様三方、女のお子様二方がおいでで、子だくさんの宮様として知られていた。ところが、三笠宮家は、あれだけ栄えたにもかかわらず、男のお子様は長男の寛仁《ともひと》親王殿下、次男の桂宮《かつらのみや》殿下、三男の高円宮《たかまどのみや》殿下とも既に薨去遊ばされ、今般崇仁親王殿下がお隠れになったことで、三笠宮家には男性皇族がお一方もいらっしゃらなくなった。これにより、三笠宮家が断絶することが確定してしまったことは実に残念である。

父親としてご子息三方を看取ることのお苦しみはいかばかりであったろうか、想像するに余りある。平成二十四年（二〇一二）に寛仁親王殿下の斂葬《れんそう》の儀（葬儀）にご出席になった翌日の六月十五日、大殿下はご体調不良でご入院遊ばし、心臓の手術をお受けになったことからもそのお苦しみが拝察される。

三笠宮は、秩父宮《ちちぶのみや》、高松宮《たかまつのみや》に次ぐ昭和天皇の弟宮ご一家で、大正、昭和生まれの人にとっては馴染みが深い。また、お子様の寛仁親王殿下、桂宮殿下、高円宮殿下はいずれも各方面で活躍なさり多くの国民に親しまれたため知る人も多い。桂宮殿下は生涯独身でいらっしゃったが、寛仁親王殿下のお嬢様お二方、高円宮殿下のお嬢様お三方とも既に成人遊ばし、近年は精力的に御公務をなさっていらっしゃる。特に高円宮殿下の次女であられる典子《のりこ》女王殿下が出雲国造家の千家《せんげ》家にお嫁ぎになったことは、国民的な慶事として多くの国民が祝福した。平成生まれの人も、たとえ三笠宮殿下を知らずとも、お子様方やお孫様方を知っている人は多いであろう。

このように、たくさんのお子様方やお孫様方が、自らの個性を活かして伸び伸びとご活躍になるのも、大殿下の皇族としての型にはまらない自由な発想とご性格の影響によるものが大きかったのではないかと思う。

大正四年（一九一五）十二月二日に大正天皇の第四皇子としてご誕生になった崇仁親王殿下は、四人兄弟の末っ子でいらっしゃった。同じ大正天皇の皇子でも、長男と四男では全く別の人生を歩むことになる。大正十五年（一九二六）に大正天皇が崩御となると、長男の裕仁《ひろひと》親王殿下は天皇にご即位になり、崇仁親王殿下は十一歳にして「天皇の弟宮」となった。

その後、殿下は明治以来の慣習に従い、軍人としての道を歩むことになる。昭和七年（一九三二）に陸軍士官学校にご入学になり、陸軍騎兵学校を経て、陸軍大学校をご卒業になる昭和十六年（一九四一）十二月、日本は米国との戦争に突入。殿下は戦争中の昭和十八年（一九四三）に、お印の「若杉」にちなんで「若杉参謀」を名乗って皇族の身分を隠し、支那派遣軍参謀として南京に赴任した。中国では総司令部の通訳官をしていた木村《きむら》辰男《たつお》が、三笠宮殿下の中国語教師に任命された。既に殿下は中国語を勉強していらっしゃったようで、木村が初めて殿下に拝謁した時、殿下は中国語を研究する抱負を次のように話していらっしゃったという。

「自分は過去において英語を学んだ。（中略）英語を勉強していると、自然と英語を使用している民族に対する理解が出来てくる。一切の言動に好感がもて、かつ親愛の情がわいてくるものである。（中略）自分が今日、中国語を研究せんとするのはそのためであって、必ずしも中国語を学んで、中国人との直接意思疎通を図り、または外交的な道具に供することを主眼とするものではない。中国および中国人を深く深く理解したいという念願からである。異民族を理解するための最短距離は、まずその民族が平素用いている言葉を学ぶことだ。況《いわ》んや中日の関係が今日の如く、戦争状態にある秋《とき》にこそ、その必要を殊更、痛感する」（木村辰男「南京の若杉参謀」『週刊朝日（春季増刊）』昭和二十七年三月二十五日号）

将来学者となる殿下らしい論理的思考も然《さ》ることながら、異民族を理解しようとする深い人間愛を感じるのは筆者だけではないであろう。

戦時中にタブーとされた軍批判

昭和十九年（一九四四）一月五日に南京で行われた尉官に対する教育で、殿下が二時間に亘って日本軍の反省について語ったその内容は、実に衝撃的なものであった。この講和の記録によると、冒頭で殿下は次のように仰せになったという。

「戦争指導の要請上、言論は極度に弾圧せられあり。若干にても日本に不利なる発言をなし或《あるい》は日本を批判する者は、たとえ真に日本を思ひ中国を愛し東亜を患《うれ》ふる情熱より発するものといえども、之を遇するに日本人に在りては『売国』を以てし、中国人に在りては『抗日』『通的』あるいは『重慶分子』を以てせらるる。今日一般幕僚に於ては大胆なる発言は困難なり」（若杉参謀「支那事変ニ対スル日本人トシテノ内省」。一部の漢字表記とカタカナ表記を平仮名にし、句読点を補った）

当時は言論が厳しく制限され、軍の参謀が自由に「日本に不利なる発言」をすることができないなか、皇族であるが故に言わねばならないとの強いご信念から御発言になったこと拝察される。この中で殿下は、日本軍の軍紀が乱れていたことを憂慮なさり、支那事変が解決しない原因は「日本軍軍人の『内省』『自粛』の欠如と断ずる」と、強い言葉で日本軍の問題をご指摘になった。

この日本軍を批判する御言葉は、終戦後に語られたものではない。戦時中に、戦地において百二、三十人の尉官を前にして講義なさったもので、当時はタブー中のタブーとされる内容だった。当時、たとえ皇族であっても、これほど明確に軍を批判する記述を残した方はいらっしゃらない。その後、殿下は大本営参謀となり、陸軍少佐で終戦をお迎えになった。

昭和天皇がポツダム宣言受諾の御聖断をお下しになると、それを翻意させようとした阿《あ》南惟幾《なみこれちか》陸軍大臣が三笠宮邸を訪れた。この時殿下は「陸軍は満州事変以来大御心《おおみこころ》にそわない行動ばかりしてきた」と仰せになり、大臣の要請をお退けになったという。帰りの車の中で大臣は低い声で「そんなにひどいことを仰せにならなくてもよいのに」とつぶやき、ひどく落胆した様子だったと伝えられる。その阿南大臣が八月十五日未明に自決したことは周知の事実である。

また、終戦後の早い段階で、殿下が天皇の譲位について独自のお考えを示していらしたことは、今注目されている。天皇の譲位に関して、殿下は終戦後の昭和二十一年（一九四六）十一月に「新憲法と皇室典範改正法要綱（案）」と題する意見書をお書きになり、皇室典範改正を審議していた枢密院にこれをご提出になった。その中で殿下は、崩御以外に譲位の道を開くべきであると書いていらっしゃる。

結局殿下のご意見は採用されず、新皇室典範に譲位の制度は盛り込まれなかった。その翌月、殿下はこの点について「自由意志による譲位を認めていない、つまり天皇は死なれなければその地位を去ることができないわけだが、たとえ百年に一度ぐらいとしても真にやむをえない事情が起きることを予想すれば必要最小限の基本的人権としての譲位を考えた方がよいと思っている」との意見を新聞に掲載なさった。七十年も前の時点で明確に「譲位」を肯定していらっしゃったことは、先見の明というべきであろう。

このように皇族軍人として激動の時代を生き抜いた殿下は、終戦後は全く異なる世界に身を投ぜられた。殿下は昭和二十二年（一九四七）四月から東京大学文学部の研究生となり、古代オリエント史のご研究に没頭なさった。通学では電車とバスをお使いになった。昭和三十年（一九五五）からは東京女子大学で、皇族としては初めて教鞭を執り、その後も東京藝術大学、青山学院大学、専修大学などでも授業を受け持った。

先述の中国語同様に、殿下はオリエント史を研究するに当たり、『旧約聖書』の原典を読むためにヘブライ語を学習なさり、流暢にお話しになるほどに達せられた。その他、英語、フランス語も堪能でいらっしゃった。殿下は日本オリエント学会設立を提言なさり、会長にご就任になったほか、中近東文化センターと日本トルコ協会では名誉総裁をお務めになった。

「赤い宮様」と呼ばれたが

昭和三十年代に、二月十一日を「神武天皇ご即位の日」としてかつての「紀元節」を復活させる運動が起きると、殿下は次のように反対意見を表明なさった。

「歴史の研究は年代の枠を土台として進められる。もしこの土台に少しでもゆるぎがあったならば、いかにみごとな歴史を組立てても、それは砂上の楼閣にすぎない。私は重ねて歴史研究者として、架空の年代を国の権威をもって国民におしつけるような企てに対しあくまで反対するとともに、科学的根拠、いいかえれば今まで考古学者や文献学者が刻苦精励、心身をすりへらしてまでも積みあげてきた学術的成果の上に立って、改めて日本古代の神話伝承の研究をさらに押し進めるような計画を、政府も国民も一致して進めて頂きたいと心からこいねがうしだいである。（中略）私は日本の建国が決して一人の英雄の手によって一時にできあがったものでなく、我々の祖先が、あるときは争い、あるときは和し、またあるときは苦しみ、あるときは楽しみつつ、旧石器時代から縄文、彌生、古墳時代と何万年という時代を重ねつつなし遂げてきた複雑な社会的発展の結果生まれたものであることを確信し、この際歴史的真実を歪曲してまで、一部の日本人のかたがたの昔をしのぶ感情論から、学問研究の百年の計を一瞬にして誤るおそれのある建国記念日の設置案に対し深い反省を求めてやまない」（崇仁親王殿下「紀元節についての私の信念」『文藝春秋』昭和三十四年一月号）

確かに、四世紀以前は国内で文字は使用されていなかったため、その時代の固有名詞や日付は伝わらない。『日本書紀』に記された神武天皇御即位の日は、後世にそう決めたものであり、それをグレゴリオ歴に換算して得られた「二月十一日」を史実として断定することは学問的に問題であるという主張は、学者としての良心に照らし合わせてのことと拝察する。

このご指摘に対して、復帰を推進する立場の里見岸雄《さとみきしお》が「宮は、観察眼を正確にして直視されなければならない」と公然と反論するなど、数多くの強い批判にも晒され「赤い宮様」とも表現された。筆者は、史実はともあれ『日本書紀』に書かれていることにちなんで、差し当たりその日を建国の日と理解して祝うことは別段問題ないと考えるが、『日本書紀』の記述を直ちに史実と断定してはいけないこともまた重要である。そのため、皇族でいらっしゃる殿下が学者としてご指摘なさったことは意義深い。日本軍の問題を目の当たりにし、戦時中に軍批判をなさった殿下には、神話の不確実な部分を事実と断定して国民に押し付けることを嫌悪なさったのではないかと拝察する。

明治時代の日本は冷静だった。神話は神話として価値が有り、神話を歴史的事実として国民に押し付けることはしなかった。具体的には、大日本帝国憲法と教育勅語を起草した井上毅は、これらに神話を持ち込むことを嫌い、天皇の根拠は神話ではなく、歴史に求める態度を貫いた程である。ところが、先の大戦の終盤では、政府は神話を事実と混同するような態度を取り、天皇を「神」として扱うようになった。紀元節復活に当たっての三笠宮殿下のお考えは、そのような過去の戦争の反省を素直に表現なさったものと思う。

小泉政権下の皇位継承議論

かつて「赤い宮様」と詰《なじ》られたこともある三笠宮殿下だが、小泉政権下で女性女系天皇を容認する皇室典範の改定が議論された時には、明確にこれに反対のご意見をお持ちになったという。以前の殿下の考え方に立てば、「万世一系」は神話要素を含むものであるから歴史的事実と断定できないと仰せになってもおかしくはない。ところが、殿下は伝統的な皇位継承原理に変更を加えることを良しとなさらなかった。

確かに、殿下はこの問題について御自身のご意見を公表していらっしゃらない。しかし、ご子息の寛仁親王殿下が、崇仁親王殿下と妃の百合子《ゆりこ》殿下が共に女性女系天皇に反対でいらっしゃることを公言なさった。私も寛仁親王殿下からそのことを直接伺った。小泉政権が女性女系天皇を成立させる動きをしたのに対し、寛仁親王殿下は、これに反対するご意見を福祉団体である柏朋会の機関誌に寄稿なさった。このことが、読売新聞によって拡散された時に、寛仁親王殿下は、お母様の百合子殿下に電話なさり、「読まれましたか？親父はどう考えているのかしら？」とお尋ねになったという。この時のことは次のように記事にお書きになっていらっしゃる。

「本当は、私〔寛仁親王殿下〕が発言するより皇族の長老である父〔崇仁親王殿下〕に口火を切ってもらいたかったわけです。すると、母〔崇仁親王妃百合子殿下〕の話では、父は宮内庁次長を呼んで、あまりに拙速な動きについてクレームをつけているということでした。これは去年〔平成十七年〕の十月ぐらいの話です。ああそうか、それは結構なことだ、もっとどんどんやって欲しいなと思いました。それから『お袋は女帝・女系になったら大変なことになること、わかっているの』と聞いたら、『もちろん大変なこと』だと言っていました。その後、父が年末に来たときに、『いいことを言ってくれたね』と、一言いって、さらに『八人の女帝』（高木きよ子著）という単行本を『読んでおいて欲しい』と持ってきて、それから月刊『文藝春秋』一月号に工藤美代子《くどうみよこ》さんがお書きになった論文を、『私の意見はこれと同じである』と、娘の分までコピーして持ってきてくれました。ですから三笠宮一族は、同じ考え方であると言えると思います」（寬仁親王殿下「皇室典範問題は歴史の一大事である～女系天皇導入を憂慮する私の真意」『日本の息吹』平成十八年二月号）

寬仁親王殿下が仰せのように、本来なら皇族の長老でいらっしゃる崇仁親王殿下が意見を表明なされればより重みがあったであろう。しかしながら、ご子息の寬仁親王殿下も大変なご覚悟の上でご発言になったことと拝察される。そのようなご覚悟で寬仁親王殿下がご発言になったことにつき、お父様の崇仁親王殿下は「いいことを言ってくれたね」と仰せになっただけでなく、同意見の論文をお孫様の分までコピーしてご持参になったというのであるから、余程強い信念をお持ちのことと思う。

永田町を駆け巡った偽情報

ところで、小泉政権下の皇室典範議論で、間接的ではあったが、私から崇仁親王殿下にあるお願いをしたことがあった。今思い起こせば、誠に畏れ多いことである。紀子《きこ》殿下のご懐妊によって、小泉政権下での皇位継承議論は沙汰止みとなった後の話である。私たち男系維持を是と考える一派は、麻生政権において、男系維持のための皇室典範改定を目指していた。

そこに、思わぬ横槍が入った。時の事務担当の官房副長官が語ったとされるある噂が永田町を駆け巡った。噂とは「麻生総理の内奏の折に、天皇陛下〔現上皇陛下〕が女性女系天皇を望んでいらっしゃることが伝えられた」というものだった。「内奏」とは、内閣総理大臣が折に触れて参内し、政治の状況などを陛下にお伝えすることである。もしそれが本当なら、男系維持を切望する我々一派の活動は、陛下の御意思に反していることになってしまう。

この噂は、内容が具体的だったため、相当信憑性の高い情報とされたが、私はこの噂は偽情報と考えていた。噂を流したのが政府高官か、それともその周辺の人物か定かではないが、この噂を流した人物はこの情報の真偽を確認できる者はいないと考えていたのであろう。真偽を確認する手段が存在しないが故に、情報を流した者勝ちと考えたのであろうか。

私は寛仁親王殿下に、この噂は本当でございますかと伺った。すると殿下は「陛下がそのようなことを仰ることは絶対に無い」と断言なさった。そこで殿下は「念のため、おやじ（崇仁親王殿下）に頼んでその噂が本当かどうか確認してきてもらう」と仰った。それから暫くして寛仁親王殿下からお電話を頂いた。崇仁親王殿下が参内なさった際に、陛下にこの噂の真偽を直接お尋ねになったところ、陛下のお答えは「麻生総理の参内の折に、皇位継承の話が出たことは無い」というものだった。何とあの噂は嘘だったのである。

政治問題につき、ありもしない「陛下の御意思」を捏造するとは言語道断である。この時の陛下の御言葉は、陛下がお身内に発せられたものであり、本来はその御言葉の内容を公表することは憚《はばか》らなくてはならない。しかし、ここから陛下が皇位継承にどのようなお考えをお持ちであるか分からない。「女系継承が陛下の御意思」というあの噂が嘘であったことが分かるだけである。さすが陛下のお答えだと、深く感心致した次第である。したがって、私はこのお答えは公表して良いと考え、この機会に書かせて頂いた。

女性女系天皇を望むという「陛下の御意思」の真偽を確かめるために、御尽力下さったこの一件から、崇仁親王殿下が、男系継承にとても強いこだわりを持っていらっしゃったことが窺える。このように、殿下は右翼でも左翼でもなく、まして「赤い」などと揶揄されるような方ではいらっしゃらない。昭和期までは「天皇の弟」として、平成の御代《みよ》では「天皇の叔父」として、また戦前は「軍人」として、戦後は「学者」として、常に良心に照らし合わせて正しいと思し召されたことを、正直に勇気を持ってご発言になっていらっしゃったのであろう。

殿下は、四方の兄弟の中でも末っ子でいらっしゃった。大正天皇の長男の裕仁親王殿下は天皇に、また次男の秩父宮殿下は万一の時に天皇になる方とされた。ところが、秩父宮殿下は昭和十六年（一九四一）に結核で療養生活にお入りになったため、三男の高松宮殿下が、万一の時に天皇になる方とされた。よって、長男から三男までは特別な存在でいらっしゃったが、四男の三笠宮殿下はそのような特別な地位にいらっしゃらなかっただけでなく、一つ上の高松宮殿下とも十歳も年が離れておいでで、ご兄弟の中でもお一人だけより自由な環境でお育ちになった。しかも、大正天皇と貞明《ていめい》皇后のご意思により、四兄弟の中で三笠宮殿下だけが両親の元で育てられた。

そのようなことが影響してか、殿下はご幼少期から伸び伸びとお育ちになり、軍人としての立場をお離れになってから、益々個性を発揮なさったように思う。学者として業績をお遺しになっただけでなく、天皇の名代として、流暢な外国語を駆使して数々の国際親善を担っていらっしゃった。また、ダンスをなさるお姿は、国民から親しまれ、戦後の皇室像を形作る過程で尽力なさった。

殿下の自由で明るいご性格が影響してか、お子様方もお孫様方も、自由で明るいご性格の方ばかりで、皆様、様々な分野でご活躍なさっていらっしゃる。そして、三笠宮家だけでなく、東宮ご一家、秋篠宮ご一家にも大きな影響をお遺しになった。三笠宮殿下なくして、現在の親しまれる皇室は無かったのではないかと私は思っている。

（平成二十九年一月号）

女性宮家が皇室を滅ぼす

「弱み」につけ込んだ野党

天皇陛下〔現上皇陛下〕の譲位を定めた譲位特例法の付帯決議に、「女性宮家」に関する文言が付されたことが波紋を呼んでいる。皇室典範は、女性皇族は結婚とともに皇族の身分を離れることを定めている。この規定を改め、結婚後も皇室に残れるようにしようというのが女性宮家である。政府与党は、女性宮家は「女系」天皇への道を開く可能性が有るため、慎重な立場を保ってきた。総理官邸や自民党でも女性宮家の是非を検討した形跡は無い。それに対して、女性宮家創設を強引に主張してきたのが民進党〔当時〕である。

与党は両院で多数を形成しているため、たとえ民進党が反対しても法案を通過させる力を持つ。しかし、天皇陛下の身位に関することであるだけに、与野党合意のもとで粛々と進めなくてはならないとの雰囲気が有った。与党が民進党だけでなく共産党をも含めて合意を取り付けようとしたのはそのためである。その弱みにつけ込んだのが民進党であった。民進党は、付帯決議に女性宮家の創設を検討する旨の条項を入れない限り、特例法に反対すると明言し、与党に揺さぶりを掛けたのである。

確かに、付帯決議は野党から政府与党に対しての要望を書き入れるものに過ぎず、法的拘束力を持たない。言い換えれば、国会の審議の結果、法律に盛り込まれず、却下された事項に他ならない。しかし、民進党は、女性宮家の検討が付帯決議に盛り込まれたことを武器に、今後政府に女性宮家創設を検討するよう執拗に迫るであろうことは明らかである。

最初に女性宮家の創設を政府に公式に提言したのは、小泉政権下の「皇位継承に関する有識者会議」であった。有識者会議は主に、①女性天皇・「女系」天皇を認めるべき、②皇位は長子優先で継承されるべき、③女性宮家を認めるべき、の三点を提言した。

女性天皇とは女性が天皇になることであり、歴史上八方十代の先例があるが、女性天皇の子が即位すると、歴代天皇の男系の血筋を引かない者が天皇に即位することになり、それは歴史上一度の先例も無いことである。有識者会議の提言が実施されれば、将来、「女系」天皇が成立するはずであった。

ところが、秋篠宮妃紀子殿下がご懐妊遊ばしたことで、この議論は停滞し、後に若宮がお生まれになったことで、女性女系天皇を主張する者はいなくなった。若い世代に歴史的にも法的にも正統な皇位継承者を得たわけであるから、若宮を排除してまで愛子《あいこ》内親王殿下にご即位をお願いする必要がなくなったためである。

血統の原理を変える「女系」天皇

女性女系天皇を認めた場合は、女性天皇の配偶者は皇族になるのであるから、女性皇族の配偶者にも皇族の身分を与えるのは自然な流れであり、故《ゆえ》に有識者会議では、女性宮家は、女性女系天皇と一体となるものとしていた。

いや、むしろ「女系」天皇を認めなくとも、女性宮家さえ認めておけば、将来的には「女系」天皇への道が開かれるのは当然の帰結である。すなわち、女性皇族が民間人と結婚し、その子が即位したとすると、歴代天皇の男系の血筋を引かない天皇、いわゆる「女系」天皇が出現することになる。「女系」天皇の実現を目論む一派は、若宮ご誕生以降暫く水面下に隠れていたが、再び活動を始めたのが、平成二十三年（二〇一一）のことであった。

「女系」天皇論を推進する中心人物の一人である羽毛田宮内庁長官が、野田佳彦《のだよしひこ》総理に女性宮家の創設を進言し、野田内閣は翌年、女性宮家創設を検討すべきとの提言をまとめた。譲位特例法で、野田氏が女性宮家にこだわったのは、自分の内閣で提言したことであり、余程の愛着が有ったと思われる。

女性宮家の提言者は、第一に今後皇族が激減すること、第二に陛下の御公務を削減するためにも一定の皇族を確保する必要が有ることを主張してきた。譲位特例法が成立したため、第二の問題は解決したが、第一の問題は依然として深刻であることは間違いない。ただし、いくら皇族を確保しなくてはいけないとはいえ、誰を皇族にしても良いという話にはならない。

二〇〇〇年以上に及ぶ我が国の皇室の歴史において、結婚により民間出身の女子を宮中に入れたことは数多《あまた》の例がある。今から一六〇〇年以上前から、藤原氏をはじめとする有力氏族は娘を皇室に嫁がせてきた。しかし、民間の男子を皇族にした例は一例も無い。民間の男子を皇族にするというのが女性宮家なのである。

歴史的に女性宮家が許されていたらどうなっていたであろうか。平清盛《たいらのきよもり》、足利義満、織田信長、徳川家康などの為政者たちは、自分の息子を皇族にして皇室を政治的に操ろうとしたであろう。さらにその子供が即位したなら、それは「足利王朝」あるいは「徳川王朝」と呼ばれるものである。欧州では男系継承が途切れる度に王朝名が変わることを常としてきた。

皇室は外部の女子は受け入れてきたが、外部の男子を一人も受け入れてこなかった。それが男系継承の趣旨である。つまり、女性宮家の拒絶は、女性を排除するのではなく、男性を排除する考えなのである。これは男尊女卑ではなく、むしろ女尊男卑というべきであろう。

もし女性皇族が恋に落ちたのが、大物政治家の息子であったらどうであろうか。いや、外国人であったら、あるいは、日本人だと思っていたら本当は外国人であったらどうであろうか。外国のスパイである可能性は無いであろうか。このようなことを考えると、先人たちが、外部の男子を一人も皇族にしてこなかった意味を窺い知ることができる。

このような保守派の批判を警戒してか、女性宮家推進論者は、女性皇族の配偶者を皇族にしない、あるいはその子も皇族にしないと主張してきた。かつての民主党はそのような説明をして保守派の合意を得ようとした。しかし、同じ屋根の下に皇族と民間人が同居することが果たして可能であろうか。皇族の生活費は「皇族費」という公費が使われる。無論、民間人の生活費に公費を充てることはできない。つまり、朝ご飯の目玉焼き一つとっても、妻の卵は公費で、旦那の卵は自ら稼いだ私費で払わなくてはならず、もし旦那が妻の卵を食べたら、即公費流用になる。実に現実離れした意見といわざるを得ない。

かつて民主党は、女性宮家に生まれた子は皇族にしないから男系継承は維持されると説明した。しかし、将来皇位継承の危機が生じた際には、女性宮家に生まれた子を皇族にすべきだという世論に押されて、なし崩し的に男系継承が崩れるであろう。皇位継承を安定たらしめるためには、皇位を担えない女性宮家なるものを増やすのではなく、伝統的にも法的にも皇位を担える正統な皇族を確保する必要がある。

「女系」天皇がなぜ問題であるか、これまで様々な点から指摘されてきたが、ここでは一つだけ理由を述べておきたい。もし男系の血筋を引かない者が天皇になれば、それは天皇の血統原理が変更されることを意味する。そのような天皇を、果たして天皇と呼んで良いかという疑問も生じる。もし「女系」天皇なるものが成立したら、ある人は認め、ある人は認めない天皇になってしまい、天皇の正統性が揺らぐことになる。

現在の陛下は非の打ち所の無い天皇でいらっしゃるが、それが非の打ち所の有る天皇に変化してしまえば、もう二度と元に戻すことはできない。憲法第一条は、天皇は「日本国民統合の象徴」と規定するが、ある人は認め、ある人は認めないような天皇が、「国民統合の象徴」として機能することはできないと見なければいけない。

この世には様々な職業や地位が有るが、努力や運次第で如何なる職業や地位にも就くことができる。だが、天皇だけにはなる方法が存在しない。如何に努力しても、国民的人気が有っても、天皇だけにはなることができない。天皇は血統の原理なのであって、それ以外の理由はあり得ない。その天皇の血統の原理を変更しようというのが、「女系」天皇であり、女性宮家なのである。

女性宮家創設という提案は、耳に聞こえは良いが、実は皇室を滅ぼすことになる危険な企てであることを知って欲しい。

（平成二十九年八月号）

女性皇族の結婚のハードル

もし息子が皇族と結婚したら

平成二十九年（二〇一七）五月十六日、眞子《まこ》内親王殿下御婚約との報道が有った。心から御祝い申し上げたい。未婚の女性皇族は七方いらっしゃるが、眞子内親王殿下は、お父様の秋篠宮殿下が天皇陛下〔現上皇陛下〕の譲位によって皇嗣におなり遊ばすこともあり、その御成婚は特に注目されよう。また、陛下のお孫様の世代の女性皇族の結婚としては初めてとなる〔この項は平成二十九年五月時点〕。

今回の御婚約が喜ばしいのには、一つ大きな理由がある。それは、女性皇族にとって、御結婚自体が相当困難であるということである。女性皇族が一般男子の恋愛対象になりにくいだけでなく、仮に恋愛が発展して当人同士で進展しても、新郎側の両親や家族の理解を得るのは困難に違いない。ある日息子が結婚したいと、家に女性皇族を連れてきたらどうであろうか。普通の親なら卒倒するに違いない。それに、新郎側の家族が納得しさえすれば、それが誰でも良いというわけでもない。

比較するのもおこがましいが、たかが旧皇族の家の生まれで正真正銘の民間人である私のような人間ですら、「家柄が違いすぎる」という理由でお見合いがご破算になったことが何度かあった。まして、現職の皇族で、あまつさえ最も知名度が高く全国に知れ渡っている方となれば尚のことである。

そのように新郎側が断ってしまえば残念な結果になるが、かといって息子が女性皇族と結婚することを嬉々として舞い上がるような家なら、それは「相応しくない」といわざるを得ない。「不相応」であると頑なに固辞する両親や家族を、丁寧に説得することで、ようやく成立する結婚でなければならないとすると、それがどれだけ困難なことか分かるであろう。

それだけではない。女性皇族と結婚する男子は、記者会見を開くことが慣例となっていて、あらゆるメディアを通じて、顔や人となりだけでなく、仕事やプライベートまでもが全国に知られることになる。そして、ことある度に繰り返し報道される運命にある。芸能人やスポーツ選手などと結婚しても必ずしもそうはならないのであるから、その違いは歴然としていて、これを受け入れるには相当の覚悟が必要ではなかろうか。

もしご縁が繋がらない場合は、一生未婚を貫くことにもなりかねない。女性皇族は御結婚によって民間人になるという前提でお育ちになる。独身を貫いて皇族に留まるのをお望みになるならまだ良い。もし、結婚によって民間人になるつもりの女性皇族が、結婚が叶わず一生皇族として生きることを強いられるとしたら、それは悲劇といわねばならないであろう。このように、女性皇族が御結婚遊ばすことは、それ自体とても困難なことで、数々の障壁を乗り越えなければ成立しないことなのである。

これらの障壁を取り払うために、眞子内親王殿下と小室《こむろ》圭《けい》氏、そして秋篠宮同妃両殿下をはじめ両家のご家族が、並々ならぬご努力をなさって結び付いた御婚約であると思うと、実に喜ばしいことではないか。心から敬意を表したい。

婚期逃した姫宮が辿った道

では歴史的に内親王はどのような結婚をなさったのであろうか。旧来、内親王の結婚には厳しい決まりがあり、例えば江戸期では、原則として嫁ぎ先は、宮家か藤原五摂家、あるいは将軍家に限られていた。無論、自由恋愛などあるはずもなく、事前に見合いすることもない。入内《じゅだい》の時に初めて結婚相手と対面するというのは珍しくなかった。

幕末以前は、特に家格が重視されたため、縁談がまとまる皇女は少数で、まとまらずに生涯独身の皇女が多かった。婚期を逃した皇女は原則として、髪を剃って尼となることが決まっていた。京都には未婚の皇女を受け入れるための尼門跡寺院がいくつかある。婚期に縁談がまとまるか否かは、皇女の人生を大きく左右することになった。

明治以降では、明治天皇の皇女四方は皆様宮家に嫁いでいらっしゃる。また大正天皇には皇女は無かった。昭和期には内親王の嫁ぎ先として旧藩主など旧家が加わるが、依然家格が重視されてきたように見える。例えば昭和天皇の皇女は、宮家の東久邇宮《ひがしくにのみや》家、公家の鷹司《たかつかさ》家、旧岡山藩主の池田《いけだ》家、旧佐土原《さどわら》藩主の島津《しまづ》家にそれぞれお嫁ぎになった。

このように、明治から昭和の高度成長期まで、皇女の嫁ぎ先は限定的であるも、全方御結婚遊ばした。それは、女性皇族を受け入れることができる宮家や旧家が多数存在していたからではなかろうか。明治から昭和の終戦にかけては皇室自体が大所帯であったし、華族制度も有ったため、嫁ぎ先に事欠くことは無かったと思われる。ところが現在では、皇族は人数が激減してしまい、御結婚相手を皇族に求めるのは事実上不可能であるばかりか、終戦で華族制度は廃止され、戦後に没落した旧家も多く、選択肢自体が少なくなっている。また、お見合いを敬遠し自由恋愛を良しとする社会風潮もあり、なかなか従来のような御結婚は望みにくくなったといえる。
そのような状況に風穴を開けたのが、平成十七年（二〇〇五）の紀宮清子《のりのみやさやこ》内親王殿下と黒田慶樹《くろだよしき》氏の御成婚であった。皇女が宮家や旧家以外にお嫁ぎになる道を開いたことは実に意義深いことである。その次は、平成二十六年（二〇一四）、高円宮家の次女でいらっしゃる典子《のりこ》女王殿下が出雲大社宮司家の千家《せんげ》家にお嫁ぎになった例に続く。そしてその次が眞子内親王殿下でいらっしゃる。

ところで、女性皇族が民間に嫁ぐ難しさも然ることながら、民間の女性が皇室に嫁ぐのも、また違った難しさがある。それは皇族が民間人となるのとは対照的に、民間人が皇族となる難しさに他ならない。皇太子妃殿下〔現皇后陛下〕がご体調面でご苦労なさったのは、その難しさを何よりも物語っているのではあるまいか。

眞子内親王殿下の弟宮でいらっしゃる悠仁《ひさひと》親王殿下のお相手探しは、難航する可能性があるが、皇室が未来に繋がるためには、これを乗り越えていかなければならない。

「御婚約」の政治利用は慎め

さて、眞子内親王殿下の御婚約の報道によって、民進党〔当時〕が女性宮家の議論を早急に進めるべきだといきり立っている。これは「御婚約」を政治的に利用するものであり、日本国憲法の原理にも違反する。厳に慎まなければならない。女性宮家の議論というのは、女性皇族が御結婚後も皇族の身分を離れないようにすべきであるということである。女性宮家の創設が「皇室の終わりの始まり」であることは私がこれまで主張してきた。それはさておき、もし女性宮家創設を可能とする皇室典範改正が今国会で実行されたら、一体どうなるであろうか。

眞子内親王殿下と小室圭氏の御婚約は、当然、女性宮家を前提としたものではないので、この御婚約を不安定なものにするのは当然である。もしお二人の御結婚で女性宮家を創設するのであれば、それは小室氏が皇族になって宮家に入ることを意味する。眞子内親王殿下は、御結婚に伴い皇籍をお離れになる覚悟をなさったこと、また小室氏が女性皇族を妻に迎え入れる覚悟をしたことは分かっている。

しかし、眞子内親王殿下が御結婚後も皇族であられるご覚悟や、小室氏自身が皇族になる覚悟をした保証はどこにも無い。女性宮家が前提となっていたなら、御婚約自体のハードルはより高いものになったであろう。

したがって、民進党が主張する、皇室典範を改定して女性宮家の創設を可能にすべきだというのは、真に皇室や、眞子内親王殿下のことを親身に考えた結果の主張であるか、甚だ疑わしい。御婚約の報道を政治利用しているようにしか見えないのは、私だけではあるまい。

そもそも、二重国籍問題で叩かれ、本当に日本の国益を背負っているのかも不明な蓮舫《れんほう》代表〔当時〕が、何の目的があって女性宮家を主張するのであろうか。蓮舫代表が参議院の憲法審査会に送り込んだ白眞勲《はくしんくん》議員〔現立憲民主党所属〕は、帰化した元朝鮮人で、元朝鮮日報の日本支社長でもあった。元朝鮮人が国会議員になること自体は何ら問題無いし、歓迎するところだ。しかし、ある議員によると、白議員は、女性宮家の議論をしない限り憲法審査会の開催に同意しないと述べ、審議入りを拒否しているという。

皇室を人質に取って憲法議論を拒むとは一体何事か。白議員は何のために憲法議論の開始と引き換えに女性宮家を推し進めようとするのであろうか。尊皇精神とは別の理屈によって主張していると見る他ないであろう。

このような構造を見ると、民進党が、御婚約報道で女性宮家を進めるべく動き出したのは、皇室の未来のためではなく、民進党存続のためと見られても仕方ない。皇室の政治利用は絶対に許されるべきではない。今回は、女性皇族の御結婚の難しさについて述べた。

私はお二人の御婚約を政治の道具として利用するのではなく、純粋にお二人を祝福したいと思う。

（平成二十九年七月号）

小室氏は結婚辞退を申し出るべき

「女性皇族の結婚のハードル」は平成二十九年（二〇一七）七月号に寄稿した記事で、実際には、五月十六日に御結婚準備が進められているとの報道があった日に、一日で書き上げて入稿したものである。

実際に同年九月三日には婚約内定記者会見が行われたものの、小室圭氏の母親が元交際相手から、四百万円の返済を要求される金銭トラブルが明るみになり、週刊誌などで大きく取り上げられた。その結果、平成三十年（二〇一八）二月六日に、宮内庁は結婚関係の行事を延期する旨を発表した。

無論、皇族とて結婚の自由がある。内親王の嫁ぎ先をとやかく申し上げることは不適切である。しかし、小室氏の側に金銭トラブルがあるとなると話は違ってくる。皇室は金銭トラブルとは無縁でなくてはいけない。眞子内親王殿下が御結婚遊ばすと、皇族の身分をお離れになるに際して、約一億五〇〇〇万円の一時金が支払われる。もし小室氏がここから借金を返済したなら、税金から払われる一時金の趣旨を大きく逸脱することになる。一時金は、不動産を購入する資金でもなければ、贅沢な食事をするための資金でもない。この金銭は元皇族としての品位を保って頂くためのものとされ、具体的には警備費用の前払い金である。

では小室氏が一時金を辞退すれば済むかといえば、そう簡単な話でもない。一時金は、元皇族としての品位を保つために必要な金銭であり、必要であるが故に国庫から拠出される。新郎新婦がストーカーや覗き見の餌食《えじき》にならないために、また危害を加えられないために必要な金銭であるから、もし一時金を辞退するなら、元皇族としての品位を保つことが困難になる可能性があり、そのような結婚自体が不適切といわざるを得ない。

その後、小室氏は突如米国へ留学することになったが、この金銭トラブルは放置されたままであった。延期発表から約十カ月が経過した十一月三十日、秋篠宮殿下のお誕生日に際しての記者会見で、殿下は二人の結婚について踏み込んだご発言をなさった。

「二人が結婚したいという気持ちがあるのであれば、やはりそれ相応の対応をするべきだと思います」

「多くの人がそのことを納得し喜んでくれる状況、そういう状況にならなければ私たちは婚約にあたる納采の儀というのを行うことはできません」

このお言葉は、二人の結婚を成立させるための道標にもなり得たはずだが、小室氏はそれからさらに二カ月近く経過して、ようやく重い腰を上げた。平成三十一年（二〇一九）一月二十二日、小室氏は金銭トラブルに関して文書を公表した。筆者はてっきり金銭トラブルを解決したことを公表するものと思った。だが、実際に文書を読んでみると、金銭を返金しない理由を述べただけだった。

世間は、小室氏の問題解決能力や人間性に注目しているのであって、この文書を公表することで事態が何か良い方向に動くと考えていたのなら、小室氏は余程感覚がずれているといえよう。

また、婚約内定の会見の際、小室氏は一橋大学大学院に在籍していて、定職に就いていなかった。この付記を執筆している令和元年九月においても、同氏は米国のフォーダム大学ロースクールに在籍していて、やはり未だ定職に就いていない。物事には順序というものがある。職業に就いてから結婚を申し込むというのが節度ある男の態度と思うのは私だけではなかろう。

それに、この結婚問題により秋篠宮ご一家が何かおかしくなっていることを憂慮する。

佳子内親王殿下が姉宮の肩を持つご発言をなさり、週刊誌が「佳子さまの乱」という見出しを立てた。親子関係に何らかの変調を来しているのではないかと心配する声も強く、また秋篠宮殿下のご体調にも影響が出ているような報道もある。しかも、これに関連してメディアが秋篠宮殿下を批判する論調も目立つ。

小室氏は自分が原因でそのような多くの問題が起きているのを、どのような気持ちで眺めているのであろうか。まさかほくそ笑んでいることは無いと信じたいが、もし少しでも心を痛めているなら、自ら結婚の辞退を申し出るべきではないのか。

第四章　翻弄される皇室

皇室報道から見える敬語の危機

「薨去」と正しく報じたのは産経だけ

平成二十六年（二〇一四）五月二十七日に高円宮家《たかまどのみや》の典子《のりこ》女王殿下の御婚約内定が発表された矢先、六月八日には、今度は桂宮《かつらのみや》殿下薨去《こうきよ》との報道があった。二週間足らずの間に、皇室に関するお目出度い話題と、悲しい話題が駆け巡った。

このような皇室報道でいつも疑問に思うのは、なぜ皇族方の敬称を「殿下」とせず「さま」を用いるのかという点である。また、皇族方がお亡くなりになることを「薨去」というが、近年、報道各社はこの言葉も用いなくなった。

「桂宮殿下薨去」と正しく報じたのは、主要メディアでは産経新聞だけである。読売新聞は「桂宮さまご逝去」、朝日新聞と毎日新聞は「ご」が取れて「桂宮さま逝去」だった。県紙で最も軽く書いたのは沖縄タイムスの「桂宮さま死去」。「薨去」はおろか「逝去」ですらない。私が確認した限り最も軽い表現を用いたのがしんぶん赤旗の「桂宮さん死去」。

こちらは「殿下」はおろか「さま」ですらない。しかも記事は普通の訃報欄に掲載され、その中でも最も小さい記事にしていた。こうなると、意図的に侮辱しているとしか思えない。産経だけが頼みの綱ということだ。

「薨去」は難しいから「逝去」で良いのではないかという意見も有るだろうが、たとえ難しくとも、欄外に語句説明を付ければそれで済む話であるし、まして仮に説明が無くても、「薨」の字は「死」が含まれているのであるから、死を意味することくらい誰でも想像は付く。まして、この字を見て元気な様子を連想する人はいまい。

むしろ、使用頻度が低い言葉であればこそ、新聞社は積極的にこの言葉を使用すべきである。「薨去」など、皇族がお亡くなりになった時しか使わない言葉なのであるから、ここで使用しなければ、この言葉は殺され、言葉の持つ文化は失われる。

そこで注目して欲しいのが、先述した新聞記事の順序である。丁寧な順に並べたところ、実に期待通りの順序になった。もし朝日が「殿下」や「薨去」を使ったら、調子でも悪いのかと心配になってしまうところだ。このことは、新聞社はそれだけ言葉を大切にしていることを意味する。「殿下」や「薨去」を使うにしても使わないにしても、それは理由があってのことであり、新聞社としての意思が働いていることが分かる。すなわち、産経は「殿下」や「薨去」を使用することで、これらの言葉の文化を後世に残そうとしているのに対し、朝日や毎日などは意図的に避け、この言葉の持つ文化を消し去ろうとしていることが分かる。新聞は言葉を残す力がある半面、言葉を殺す力も持っている。

いま模範事例として産経の記事を挙げたが、実はその産経ですら、平成二十四年（二〇一二）に寛仁親王殿下薨去に当たっては「寛仁さまご逝去」と書いた。私は産経新聞社の役員に意見具申をして、「殿下」「薨去」とすべきであると要望したのを良く覚えている。一度これらの言葉の使用を止めた産経が、二年後には再びこれらを使ったところには、むしろ報道機関としての強い意志を感じることができる。産経新聞社は、この言葉の持つ文化を後世に残す方針を決定したのである。

民間人との差をなくす「親しみ」は不要

皇族に「殿下」を用いいなくなったのは、テレビも同様である。皇族の敬称についてNHKに問い合わせると、必ず同じ答えが返ってくるので、その答えを紹介しよう。

「今日の皇室への敬語につきましては、昭和二十二年に、宮内庁と報道機関との間で『これからは普通の言葉の範囲内で最上級の敬語を使う』ことで、基本的な了解が成立しています。また、昭和二十七年の国語審議会の『これからの敬語』という答申にも同様の考え方が盛り込まれ、これがマスコミの基本方針となって現在も続いています。ただ、戦後半世紀を過ぎ、日本人の敬語に対する考え方、皇室報道が大きく変化してきていることを踏まえ、NHKは皇室への敬語につきましては、できるだけ平易で簡潔であることを基本的な考え方として、親しみのある敬語を使用しています。使用にあたっては、敬称も含めて、耳から入るメディアの特性を考慮し、耳障りでない、違和感のない表現になるように心がけています。具体的には、ニュースなどでは、皇族の方々への敬称は、原則として、『さま』を使っています」

この回答から、NHKが「殿下」や「薨去」の語を使用しない根拠は、国語審議会の答申であることが分かる。つまり「普通の言葉の範囲内で最上級の敬語を使う」ということは、皇室特有の特別な敬語は使用しないという意味であり、この原則を適用すれば皇族にしか用いない「殿下」「薨去」は使用できない。また、「平易で簡潔」という条件を満たすためには「薨去」といった難解な言葉は排除されることになるし、「殿下」も「さま」に比べれば煩雑に違いない。そして、そのような平易で簡潔な敬語は「親しみのある敬語」だというのだ。

ＮＨＫのこの回答は、皇室に正しい敬語を使わないための、実に説得力の有る回答ではあるまいか。『これからの敬語』は、国語審議会が文部省（当時）に答申して採択されたものであるから、これに従うことは、文部省が決定した方針に従うことを意味し、実に模範的な回答といえる。

ところが、他方で皇室典範という法律は第二十三条に「１　天皇、皇后、太皇太后及び皇太后の敬称は、陛下とする。２　前項の皇族以外の皇族の敬称は、殿下とする」と明記している。一省庁の方針が法律の趣旨を変更することはできず、本来なら法改正を経るべきものであって、法律の趣旨を逸脱した文部省の決定は受け入れることはできない。

それに、「殿下」を使うと親しみが持てず、「さま」を使うと親しみが持てるというのは本当だろうか。民間人もレストランやホテルに行けば「さま」と呼ばれる。皇族を民間人と同じ敬称で呼ぶこと、つまり皇族を民間人と同列に扱うことで醸し出される「親しみ」とは一体どのような親しみだというのか。

もし「さま」を用いて醸し出される「親しみ」とやらが必要だというなら、皇族と民間人の差を無くしてしまうのが、最も親しみが持てるのではなかろうか。私はそのような「親しみ」は必要ないと考えている。「親しみやすい皇室」という甘い言葉に騙されてはいけない。これは、皇族と民間人との差を取り除き、やがては皇室廃止を企《たくら》む悪魔の囁きであることに気付くべきである。

私が皇族方と話す時は皇室特有の敬語は積極的に使用し、古式ゆかしい敬語を最大限使おうとするが、それは国語審議会の『これからの敬語』とは正反対である。

日本語の精神を守る「最後の砦」

ＮＨＫの方針の根拠となっている『これからの敬語』は、サンフランシスコ講和条約が発効する二週間前の昭和二十七年（一九五二）四月十四日に文部大臣（当時）へ提出されたものである。わが国が占領されている期間に、審議、決定されたものであって、皇室と国民の繋がりを脆弱にしようとした占領軍の意図を汲んでいると思われる。

冒頭には驚くべきことに、次のような「これからの敬語の方針」が書かれている。「これまでの敬語は、旧時代に発達したままで、必要以上に煩雑な点があった。これからの敬語は、その行きすぎをいましめ、誤用を正し、できるだけ平明・簡素にありたいものである」「これまでの敬語は、主として上下関係に立って発達してきたが、これからの敬語は、各人の基本的人格を尊重する相互尊敬の上に立たなければならない」

すなわち、これからの敬語は煩雑さを改め平明、簡素なものにし、上下関係の敬語を廃し、相互尊敬の敬語を発展させていくという趣旨である。具体的には、これまでの「お〜になる」という形式よりも、「〜られる」という新しい形式を使用するように指摘し、敬語の形式を簡略化させた。

本来敬語は、下位者が上位者に対して使う言葉であるが、これからはそのような敬語であってはならないというのだ。つまり、新憲法の施行で国民は皆平等になり、上位者と下位者の別は存在しなくなったということである。下位者が上位者に用いる伝統的な敬語は、昭和二十七年に廃止されたことになる。

これは国民が伝統的な敬語を使うことを禁止するものではないが、公文書をはじめテレビや新聞などがこの方針に従うことになったのだから、昔ながらの敬語を使える若者がいなくなって当然である。このまま時間が経てば、日本語から敬語が消滅するであろう。

国語審議会は、昭和二十七年に伝統的な敬語を廃止し、新たな敬語を生み出したが、敬語を必要最低限に控えるべきと繰り返し述べていることから、彼らはその新たな敬語ですら、将来廃止していく意図があるものと推測される。

それを阻止するには、文部科学省が伝統的な敬語を復活させる方針を立てるか、せめて皇室報道だけでも伝統的な敬語を使うようにしていかなくてはならない。若者が敬語を耳にする少ない機会が皇室報道にあるからである。皇室への敬語は、日本語としての敬語とその精神を守る「最後の砦」のような存在になっている。

（平成二十六年九月号）

幕末維新史に影響を与えた孝明天皇

日本史のタブーとされた研究

今年〔平成三十年〕は明治維新一五〇周年。西郷隆盛をはじめ維新の立役者たちが注目されているが、幕末維新史に最も大きな影響を与えたのは、実は明治天皇の父・孝明《こうめい》天皇であったことはあまり知られていない。江戸時代を通じて天皇が政治の舞台に登場することはほとんど無く、天皇は宮殿の奥深くに鎮座する「もの言わぬ存在」であった。徳川幕府は天皇が学問に励むことを求め、天皇が政治に関与することを嫌った。しかし、それはある時点を契機に大転換した。徳川幕府が俄《にわか》にその権威を落とし、朝廷の権威が高まる流れのなかで、歴史は天皇を政治の表舞台に引きずり出したのである。

そのような日本史上の異常事態のなか、孝明天皇は自らの判断一つが日本の将来を左右する極めて重要な位置に立たされた。天皇は自らの意思を表すことができない苦しみを、そして次には意見が通らないことの苦しみを、そして最後には意見が通ることの苦しみを順に経験し、悩み続け、時に逆鱗《げきりん》し、時に無力感を顕わにした。

今でこそ孝明天皇の御事蹟を憚らずに語ることができるが、明治維新から先の大戦が終結するまでの約八十年間、孝明天皇研究は禁断とされていた。なぜならば、討幕の機運が十分に高まった慶応年間に至っても、孝明天皇は崩御の直前まで公武合体を信念とし、討幕をがんとして受け付けなかったからだ。もし明治政府が孝明天皇の御事蹟を肯定し、あるいは評価すれば、新政府の正当性を自ら否定することにもなる。したがって、明治政府は孝明天皇に関連する史料を機密扱いにし、その上で当たり障りの無いことだけを歴史書に綴った。かくして、孝明天皇は日本史のタブーとされ、忘却の穴に葬り去られようとしていた。

孝明天皇に関する公式記録として『孝明天皇紀』が有る。これは、孝明天皇が崩じて以降、明治政府の宮内省先帝御事蹟取調掛が十五年かけて編纂したもので、明治三十九年(一九〇六)に完成された。二二〇巻に上る長編で、孝明天皇の降誕から崩御に至るまでの身の回りで起きた事柄を一日単位で詳細に記している。その記録は、例えば将軍が参内した時の様子など日本の歴史を左右する重大事から、天皇の娯楽など日常の些細なことにまで及ぶ。

しかし『孝明天皇紀』が公刊されるには、昭和四十二年（一九六七）を待たなくてはならない。明治維新から時間が経ち、孝明天皇を研究することの政治的な緊張がほぐれたことなどが背景にあると考えられる。

悩ましい気持ちを文書に

仁孝《にんこう》天皇の突然の崩御によって孝明天皇が即位したのは弘化三年（一八四六）で、当時まだ満十五歳という若さであった。孝明天皇は間もなく、祖父・光格《こうかく》天皇の先例をもとに、海防を厳重にするよう求める勅命を幕府に下した。天皇が幕府に勅を下すのは、後醍醐《ごだいご》天皇以来約五〇〇年振りのことである。この時幕府は素直に勅を受け入れたが、これにより、外交問題について天皇は幕府に勅を下すことができるという前例が成立し、これが間もなく幕府を窮地に追い込むことになる。

嘉永六年（一八五三）、ペリーが浦賀に来航したことで歴史が動き出した。安政五年（一八五八）、通商条約締結の可否を巡り、諸大名の間で意見がまとまらず、幕府は朝廷のお墨付きをもって統率を図ろうと、天皇に条約締結の勅許を求めた。幕府は「もの言わぬ天皇」を想定していたようだが、この時孝明天皇は自ら臣下を説得して朝議を動かし、勅許を拒んだ。天皇が関白九条尚忠《くじょうひさただ》に宛てた宸翰《しんかん》には「外国人の言いなりになって通商条約を結べば、後々までの恥の恥で、伊勢の神宮に恐縮であるばかりか、先祖には不孝で、自らの身を置く場所もない」という趣旨のことが書かれている。

ところが、井伊直弼《いいなおすけ》が大老に就任すると、幕府は朝廷に無断で通商条約に調印してしまう。孝明天皇は条約締結に激怒し、絶望し、そして天皇を辞めることを決断した。この時書かれた直筆の「譲位の勅諚《ちょくじょう》」には孝明天皇の気持ちが良く表れている。長文だが、重要なので、現代語に翻訳してみた。

「古書に記される通り、元来帝位（天皇の位）を踏むことは容易なことではない。唐（中国）に於いては子孫に限らず、たとえ平民であろうとも賢才があれば皇帝になることができる。しかし日本では帝位は子孫による相続が正流であり、他流を用いない。神武《じんむ》帝より皇統が連綿と続くことは他国に例がなく、日本に限られることである。

統仁《おさひと》（孝明天皇）においても愚昧短才《ぐまいたんさい》（おろかで物の道理に暗く、才能がとぼしいこと）の質《たち》ながら、その血脈が違《たが》わぬことを以って、恐《かしこ》み恐みながら天日嗣《あまつひつぎ》（皇位）を継いだ。先帝（仁孝天皇）が崩御なさった時、践祚《せんそ》を固く辞退すべきだったが、当時はすっかり愁傷して心気惑離《しんきわくり》の状態であり、前後を弁《わきま》えずに践祚してしまい、その後追々即位の大礼も済ませてしまった。この上は、暗昧《あんまい》（道理がわからず愚かなこと）の質ながらも精力を尽くし、神宮はじめ皇祖に対し奉り、聖跡《せいせき》（歴代天皇の功績）を穢《けが》さず国を治めるつもりであったが、元来愚力《ぐりょく》に及ばず、歎息《たんそく》の至りであった。

ところが、去る安政《あんせい》元年、禁裏《きんり》（皇居）の炎上の後、諸国の変事が数度あり、万民が不安を感じるに至ったのは、皆統仁の薄徳（人徳が薄いこと）によるもので、悲痛は無限である。謹んで国を治めるつもりであるが、既に述べた通り、暗昧の質、微力に及ばず、異国船が度々渡来し、アメリカ使節は和親通商を乞い、表面上は親睦の情を述べ、実は後年日本を併合する意図の見える条約で、幕府の閣老を通じて問い合わせがあったが、実に容易なことではない。先頃愚存を認めて回覧させ、その後も昼夜考えを巡らせたが、この一件は何があっても許し難い。実にもって神州の瑕瑾《かきん》（傷つくこと）、その上邪法（邪悪な宗教）が伝染することなども測り難く、なかなか許すまじきことである。

しかし、もしこれを許さなければ、戦争に及ぶことになる。然る時、人々の気は怠慢で、武備は整わず、諸外国に敵することは難しい。誠に絶体絶命の時であると、実に痛心している。武士の名目で、たとえ平和な治世が続いているとしても、戦えないということでは実に征夷大将軍の職官として嘆かわしい。政務は関東に委任してあるので、強く言うと公武の関係に影響があるので、これまた容易なことではないが、条約の一件は、いかに致したとしても神州の瑕瑾、天下危亡の基《もと》、統仁においては何国《どこ》迄も許容いたし難い。昨日武家伝奏《ぶけてんそう》（幕府との窓口を担う朝廷の役人）が持参した書状（通商条約に調印したという内容だった）を披見したところ、誠にもって存外の次第、実に悲痛などという程度のものではなく、言語に尽くし難き次第である。

この一大事の折柄、愚昧統仁願うに、帝位にいて世を治めることは、所詮《しょせん》微力に及ばざることである。またこのまま帝位にいて聖跡を穢しても、実に恐懼《きょうく》にたえず、誠にもって嘆かわしきことであり、英明の人に帝位を譲りたい。〔中略〕愚昧の質、とても帝位に居り、万機の政務を聴き、国を治めること力に及ばず、その上、夷《えびす》一件で諸外国の申すまま聞いては、天神地祇《てんじんちぎ》皇祖に対し奉り申し訳なく、かつ所詮意見を述べたとしても、今回のように無視される次第、実にもって、身体ここに極まり、手足を置く所を知らざるに至った。何卒、是非、帝位を他人に譲りたく、決心したので、早々関東（幕府）へ通達するように」

幕末の政局を作り出した天皇

結局は水戸藩に「戊午《ぼご》の密勅」が下ることが決まり、周囲の強い説得が有ったことで孝明天皇は譲位を断念することになった。これほど悩ましい気持ちを文書に残した天皇は、歴代でも稀といえよう。このような天皇の信念と行動が「尊皇攘夷運動」を形成した。

その後、安政の大獄と桜田門外の変を経て、いよいよ弱り果てた幕府は、皇女和宮《かずのみや》の降嫁を願い出るに至った。公武合体を良しとしていた孝明天皇は、攘夷の実行を条件に降嫁を実現させた。幕府はできもしない攘夷を約束させられ、完全に外国勢と天皇の板挟みになって弱体化を加速させた。孝明天皇の信念と行動は「公武合体運動」をも形成したことになる。

幕末の政局は尊皇攘夷派と公武合体派の対立で推移するが、「攘夷」と「佐幕」はいずれも孝明天皇の政治信条の中心をなすものであり、後に両者が結び付いて倒幕に至ったというのは、歴史の皮肉といえよう。また、倒幕に反対していた孝明天皇が崩御となったことで、一気に倒幕の流れが加速したことも無視できない。

（平成三十年五月号）

早過ぎた『昭和天皇実録』

崩御から二十五年後の公表

宮内庁は、平成二十六年（二〇一四）九月九日、昭和天皇の八十七年に及ぶ生涯を記した『昭和天皇実録』を公表した。二十四年五カ月を費やして編纂した実録は、激動の時代を生きた昭和天皇の初の公式記録で、誕生から崩御までの期間を網羅している。昭和史研究の基礎的な史料となるもので、学問上の説を覆すような新史料が紹介されているか期待されていた。

宮内庁が、八月二十一日に天皇皇后両陛下〔現上皇上皇后両陛下〕に奉呈した実録の正本は、B5判の和製本で、全六十一冊、計約一万二〇〇〇ページに及ぶ。同庁は実録を情報公開請求の対象とし、一定期間一般の閲覧を受け付けるほか、平成二十七年（二〇一五）から五年間かけて順次公刊する〔平成三十一年三月までに本文十八冊と人名索引・年譜一冊の計十九冊が東京書籍から刊行された〕。

実録が公表されたことで、終戦の「ご聖断」の経緯が明らかになったことは、各紙が大きく取り上げた。これまで諸説有ったが、昭和天皇がポツダム宣言の受諾を決定する直接の原因となったのは、ソ連軍が満州に侵攻したことだったことが分かった。

各紙が取り上げたところでは、特に幼少期についてはかなり詳細が記されている。例えば学習院初等科の五年生の授業でカエルを解剖して帰宅すると、よほど興味をお持ちになったようで、家でもカエルを解剖し、死骸を庭に埋めて「正一位蛙大明神」の称号を与えたという逸話も紹介されている。幼少の頃から生物に興味を持ち、その命を哀れむ優しいところを垣間見ることができる逸話である。

その他にも多くの逸話が実録に収録されたが、実録が公表されなければ、永遠に知られることのなかった話も多く、その意味では近現代史研究に貢献したといえる。

しかし、昭和天皇の崩御から僅か二十五年で、しかも奉呈後直ちに公表、公刊されるというのは、いささか早過ぎはしないか。明治天皇の実録である『明治天皇紀』の公表が始まったのは明治天皇崩御から五十六年後、『大正天皇実録』の公表は大正天皇崩御から七十六年後である。明治天皇の父帝孝明天皇の実録である『孝明天皇紀』は、孝明天皇崩御から一〇〇年後に公刊された。いずれも編纂後、時の天皇に奉呈されて、かなりの年数が経ってから公表されている。伝統に従うなら、『昭和天皇実録』の公表は早くとも崩御から五十六年後でなくてはなるまい。

天皇実録とは、天皇の御事績を時系列に記す「編年体」の形式でまとめた文書で、天皇崩御の後に編纂される。国家の公式な歴史書である「正史《せいし》」は、実録に基づいて編纂されるため、極めて重要な役割を担う。また、実録はその天皇の時代を生きた日本人のためではなく、未来の日本人のために編纂されるものといえる。

我が国の正史と実録の歴史は、今からおよそ一三〇〇年前の飛鳥時代に編纂された『日本書紀』まで遡ることができる。神話から書き始められ、初代の神武天皇から第四十一代の持統《じとう》天皇まで、歴代天皇毎に全三十巻にまとめられている。その後『続日本紀《しょくにほんぎ》』『日本《にほん》後紀《こうき》』『続日本後紀』『日本文徳《もんとく》天皇実録』『日本三代実録』と順次編纂され、これらをまとめて「六国史《りっこくし》」と呼ぶ。『続日本紀』は第四十二代文武《もんむ》天皇から書き始められ、『日本三代実録』は第五十八代光孝《こうこう》天皇までを記している。

光孝天皇以降は朝廷による正史の編纂は長らく途絶えていたが、仁和《にんな》三年（八八七）から江戸時代までの正史の欠落を補うために、明治二十八年（一八九五）に『大日本史料』の編纂が始まり、既に四〇〇冊弱が公刊され、現在も編纂事業は続けられている。

明治時代以降の天皇実録『孝明天皇紀』『明治天皇紀』『大正天皇実録』と同様、『昭和天皇実録』もまた昭和天皇の公式記録であるだけではなく、ゆくゆく編纂される我が国の正史の基礎となる重要な文書であって、実録の編纂はほとんど国史編纂そのものであるといわなければならない。そもそも天皇実録は、当代天皇の生前のお姿を知る者が生きているうちに公表されることを前提としていないのである。

『孝明天皇紀』が即公表なら政権崩壊？

しかし、にもかかわらず宮内庁は『昭和天皇実録』を崩御から二十五年で完成させ、直ぐに公表してしまった。その結果、当たり障りのない内容に仕上げられているように見受けられる。例えば『大正天皇実録』は公開された本文約七十万字のうち約三パーセントの約二万一八〇〇字が黒塗りになっていた。崩御から五十年程度経過しても、公表できない内容が含まれているということであり、それでこそ実録としての価値が有るといえよう。

崩御から一〇〇年後に公刊された『孝明天皇紀』は、天皇の身の回りで起きた事柄を一日単位で詳細に記している。将軍が参内した時の様子など日本の歴史を左右するような重大な事件から、天皇の娯楽など日常の些細なことにまで及ぶ。孝明天皇が臣下に宛てたおびただしい数の書簡も収録されていて、中には関白や大臣をこき下ろす手紙もある。朝廷と幕府の間に生じた齟齬に絶望した孝明天皇が書いた宸翰《しんかん》も記している。米国との通商条約を認めないと幕府に通知したにもかかわらず、幕府がそれを無視して条約を締結すると、孝明天皇は激怒し、その気持ちを次のように手紙に書き綴った。

「愚昧の質、とても帝位に居り、万機の政務を聴き、国を治めること力に及ばず、その上、条約勅許の一件で諸外国の申すまま聞いては、天神地祇皇祖に対し奉り申し訳なく、かつ所詮意見を述べたとしても、今回のように無視される次第、実にもって、身体ここに極まり、手足を置く所を知らざるに至った。何卒、是非、帝位を他人に譲りたく、決心したので、早々幕府へ通達するように」〔現代語訳。できるだけ原文の趣を残した〕

ここには苦渋に満ちた悲劇の天皇の肉声が刻まれている。手足を置く場所も無いというのであるから、その苦痛は並々ならぬものがあったのだろう。

孝明天皇は攘夷思想の持ち主ながら、公武合体を是としていて、倒幕への流れを拒否する立場を貫いていたことで知られる。その天皇が突然病に倒れて崩御となり、倒幕が実現して明治新政府が成立した。倒幕は孝明天皇の意思に反して行われたのであるから、新政府からすると、孝明天皇は都合の悪い存在ということになろう。そのような事情もあって、『孝明天皇紀』は長らく公表されなかった。もし『孝明天皇紀』が二十五年程度で公表されていたら、時の政権は吹っ飛んでいた可能性がある。それほど内容は衝撃的で、崩御から一〇〇年ほど経たなければ、とても公表できるものではなかった。

一方、『昭和天皇実録』には学説を変更させるような記述は一つも無かったようだ。あれほど激動の時代を生きた昭和天皇の肉声が聞こえてくるような箇所もほとんど無い。幼少期の記述は細かいのに、即位後は昭和天皇の心情を伝える記事も極端に少ない。

宮内庁が昭和天皇の心情や肉声を歴史に刻む努力をぎりぎりまでしたとは到底思えない。むしろ、早い公表を前提としてそれを可能にするにはどのような内容でなくてはならないかを逆算し、その結果、政治問題化するような内容は極力排除するという編纂方針を立てたのではないかと思える。

ではなぜ宮内庁は、我が国の一三〇〇年に及ぶ国史編纂の歴史に、ただの一度の先例も無いことをしたのだろう。もし宮内庁長官が、皇室の伝統を重んじる気概を持っていたなら、このような方針を立てることは無かったはずである。天皇が天皇である根拠は「歴史の事実」であり、日本人が伝統を重んじなくなってしまったら、それは日本の弱体化を招く。まして宮内庁が伝統を軽視するなら、どうやって皇室が守られるというのか。

本来、実録の編纂は極めて地味な仕事である。編纂に携わった者が生きている間に、成果物が公表されることすら無いのであるから、それこそ歴史の黒子といってもよい存在である。ところが今般、宮内庁は実録の公表で脚光を浴びた。

国史編纂事業は国家百年の計であり、数百年先を見据えた事業でなくてはならない。そういうことはないとは思うが、もし宮内庁長官が『昭和天皇実録』公表で、何らかの評価を得ようとしたとすれば、それは歴史の私物化である。皇室の政治利用のリスクもある。

日華事変が拡大するさなかの昭和八年（一九三三）、『明治天皇紀』の編纂責任者が、明治天皇が日清日露戦争に不賛成だったことを書かない方針を昭和天皇に伝えたところ、昭和天皇は侍従長に「明治天皇が戦争になることをお好みにならず平和裡に解決したいという思し召しこそ、天皇の平和愛好の御精神が表れていて、これこそ後世に伝うべきであり、むしろ御年代記の中に特に書き入れた方がいいんじゃないかと思う」と仰せになったと伝えられている。

これこそが、目先のことに囚われず百年先を見通すものの見方ではなかろうか。国史編纂を担う宮内庁が成果主義に陥り、目先の結果を追うような仕事をしたら、皇室の未来は危うい。風岡典之長官〔平成二十八年退官〕は、歴代天皇の大御心にひたすらに耳を傾け、皇室を守ることだけを考えて奉職して欲しい。

〔平成二十六年十一月号〕

天皇陵を「好奇心の餌食」にするな

ピラミッドや兵馬俑との違い

宮内庁と堺市《さかいし》（大阪府）は平成三十年（二〇一八）十月十五日、仁徳《にんとく》天皇陵で共同の発掘調査を始めると発表した。濠の水が墳丘や堤を浸食するのを防ぐための護岸工事の資料収集が目的で、宮内庁が地元自治体と共同で御陵《ごりょう》（天皇陵）の発掘調査を実施するのは初めてのことという。御陵の「発掘調査」とはいえ、本体である墳丘を発掘するのではなく、まして石棺の中の御遺体を検分する類の発掘ではないことを確認しておきたい。

今回は、一番内側の第一堤の三カ所を、幅約三十メートルの堤を横断するように幅三十センチほどの溝を掘り、遺物や遺構の有無を確認するという。このような、墳丘以外で調査のための発掘をすることは良しとしても、これを機に、なし崩し的に発掘の範囲が拡大し、将来は石棺の中まで検分することにならないか筆者は心配している。

天皇、皇后、皇太后のお墓を「御陵」、その他の皇族方のお墓を「御墓《ごぼ》」、それらをまとめて「陵墓」といい、全て宮内庁が管理している。御陵は一八八基、御墓は五五五基、その他分骨所、火葬塚、灰塚などの陵墓に準ずるもの一一〇基、また陵墓参考地四六基を合わせると、その数は総計八九九基にのぼる。今回調査の対象となった仁徳天皇陵は、墳丘の長さが五二五メートルで国内最大の古墳である。

これまで宮内庁は御陵への立ち入りを厳しく制限してきた。それは陵墓の「静安と尊厳を保持するため」である。御陵は歴代天皇が葬られ、現在でも祭祀が行われているうえ、御陵自体が崇敬の対象となっている。そこが秦の始皇帝の兵馬俑《へいばよう》や、エジプトのピラミッドとは大きく異なる点である。御陵もピラミッドのように発掘すべきという意見もある。ピラミッドは既に滅びた王朝の王の墓であるが、御陵は現存する我が国の天皇の先祖の墓であって根本が異なる。ピラミッドでは祭祀は行われていないが、御陵では毎月の月命日にお供物が上がり、式年祭では古式に則った祭祀が行われている。先祖崇拝は宗教であるという観点に立てば、御陵は宗教施設であるといえる。

無論、発掘調査することで新たな発見もあろうが、それは御陵を発掘する理由になりはしない。考古学者が家に来て「おたくの墓を掘らせてくれ」と頼まれても、それを許す人はいないであろう。宗教施設を守ることの意義は、学問的意義を凌駕するのである。

しかし、複数の考古学の学会は、長年宮内庁に陵墓への立ち入りを要求し続けてきた。巨大前方後円墳のほとんどは、宮内庁の管轄下に有り、発掘はおろか立ち入りも許されていない（許可された場所からの参拝は誰でも可能）。そのため、四世紀と五世紀については不明な点が多く、学界ではヤマト王権成立について定説も定まっていない。

ゆえに、それらを発掘調査することでヤマト王権成立の謎を知ることができるといわれてきた。戦後、陵墓の発掘を求める学界と、陵墓の静謐を守ろうとする宮内庁の間で攻防が繰り返されてきたのである。

「世界文化遺産」の影響

宮内庁が昭和五十四年（一九七九）に作成した内規には、研究者の立ち入りは古墳の外周部までに限られてきた。しかし、平成に入ると宮内庁が墳丘の裾の部分の補修工事をするようになり、学界の要望によって、工事個所を公開して、現地での見学会を催すようになった。これにより、研究者が古墳の一段目（外側の一番低い部分）にまで立ち入るようになったため、宮内庁は平成十七年（二〇〇五）に内規を改め「墳丘最下段のテラス部分までは立ち入りを認める」とした。

内規が改められると、学会は同年中に陵墓十一基を指定して立ち入り調査の許可を求めた。宮内庁が天皇陵への立ち入り調査を初めて認めたのは、平成二十三年（二〇一一）二月二十四日の応神《おうじん》天皇陵の調査であった。「天皇陵の調査が許可された」という報道は一定の注目を集め、御陵の発掘調査が解禁されたと勘違いした人も多かった。

しかし実態は、発掘や採集は一切認められず、古墳を巡る内堤を一周歩いて見て回るだけで、「調査」というよりは見学会に近い内容だった。それでも、参加した研究者たち十六名は、埴輪の底部や埴輪片を目視で確認することができた。これにより、内堤の両側に埴輪が並べられていたことが推定できるという。

研究者たちは、墳丘の最上部までの調査を要求しているが、この内規が変更されない限りは、学者は墳丘の一段目テラスまでしか立ち入ることができない。立ち入りを一段目テラスまでにしたのには理由がある。陵墓の中には、一段目の直ぐ上に埋葬施設が有るものもあり、そのため、一律一段目までとされた。つまり、埋葬施設の上を踏み付けることは認められないということである。

しかし、これまでは考古学者と宮内庁の攻防であったところ、その構図が変わろうとしている。それは、仁徳天皇陵を含む「百舌鳥《もず》・古市《ふるいち》古墳群」がユネスコ世界文化遺産の候補となったからである。

同古墳群は、大阪南部の堺、藤井寺、羽曳野《はびきの》の三市にある四十基の古墳で構成されていて、古墳が最も巨大化した四世紀後半から五世紀後半にかけての古墳がひしめき合うように配置されている。そして、最大の古墳である仁徳天皇陵もここに含まれている。このまま手続きが進めば、来年〔令和元年〕夏のユネスコ世界遺産委員会での審議を経て、登録が決定する見込みである〔令和元年七月六日に登録が決定した〕。

同古墳群が世界遺産の候補に挙がった頃から、陵墓の公開や発掘の道を開くものとして学界から期待が寄せられただけでなく、民間からも、公開して欲しい、あるいは、天皇陵を発掘して古墳の謎を解き明かして欲しいという声が高まり、今に至る。今後、御陵をさらに調査したいという声が高まっても、御陵が、狂暴な好奇心の餌食にならないよう、宮内庁には「墳丘最下段のテラス部分まで」という現行の内規を未来永劫守り通して欲しいと思う。

陵墓に「静安と尊厳」が必要な理由

そもそも御陵は私たちにとってどのような価値が有るのか。それは、昭和天皇や天皇陛下〔現上皇陛下〕がどのように大切になさっていらっしゃるかを知れば、自ずと見えてくるものではなかろうか。終戦直後の昭和二十年（一九四五）十一月、昭和天皇は在京の皇族男子をお召しになり、次のように仰せになったという。

「百二十三に及ぶ歴代天皇の御陵に親しく自分がお参りしたいのだが、それはとても今の状態では出来ない。神武天皇の畝傍《うねび》御陵と、明治天皇の桃山陵と、大正天皇の多摩陵とこの三ツの御陵には自分でご報告をし請願をするが、あとの百二十の歴代天皇の御陵には、ご苦労だが君達が手分けをして代参してくれ」（竹田恒徳「終戦秘話」『偕行』昭和六十一年一月号）

そして昭和天皇からは、戦争でこのような終戦を迎えたことは自分の不徳の致すところであるから、それを謝り、日本の今後の復興にご加護あらんことを祈るようにとのお話があったという。昭和天皇は、我が国の戦後復興を、歴代天皇の御霊の力を得て成し遂げようと思し召していらっしゃったことが分かる。先祖の墓を大切にしている人であれば、昭和天皇のこのお気持ちは良く理解できるのではなかろうか。

明治天皇も、日清戦争前の緊縮財政に当たり、宮廷費を極限まで削減するよう命ぜられるも、①宮中祭祀、②御陵、③皇太后の三つに関わる項目は一切の削減を認めないと仰せになった。明治天皇の父帝の孝明天皇も、全国の陵墓の整備を実施した「文久《ぶんきゅう》の修陵」を命ぜられた天皇として知られている。

天皇皇后両陛下も、歴代天皇の御霊をお祭りする宮中の皇霊殿をはじめ、御陵での祭祀を大切になさっていらっしゃる。平成二十八年（二〇一六）、神武天皇の二六〇〇年式年祭に当たり、神武天皇陵を御参拝になったことは大きく報道された。

ここで注目して欲しいのは、歴代天皇は、個人や皇室のことではなく、国民の幸せを御陵で祈っていらっしゃるということである。歴代天皇が御陵を大切にお守りになり、御参拝になるのは、偏《ひとえ》に国民の幸せを祈るためであるといえよう。つまり、陵墓とは「天皇が国民の幸せを祈る、あるいは祈らせる施設」であると結論することができる。故に陵墓には「静安と尊厳」が必要なのである。

陵墓を本格的に発掘し調査すれば、謎に包まれたヤマト王権誕生の秘話が一部でも明らかになるかもしれない。しかし、仮にそうであったとしても、山陵祭祀は天皇の祭祀の一部であり、一部の人たちの好奇心により侵してしまうことは、歴史に大きな禍根を残すことになるため、厳に慎まなくてはならない。陵墓の調査には、慎重にも慎重を重ねる態度を保って欲しい。

（平成三十年十二月号）

国交断絶に値する天皇への侮辱

昭和天皇は「戦争犯罪人」ではない

韓国の文喜相《ぶんきしょう》国会議長が、天皇陛下〔現上皇陛下〕を「戦争犯罪の主犯の息子」と罵り、自称元慰安婦へ直接謝罪するよう求めた。これは文議長にインタビューした米ブルームバーグ通信が平成三十一年（二〇一九）二月八日付で配信したものである。慰安婦、徴用工、レーダー照射、仏像……。日本は韓国から様々な嫌がらせを受けてきたが、文議長の発言は、それらとは一線を画す「最高レベル」の事案と見なくてはならない。この暴言には主に次の三つの問題を指摘しておきたい。

第一に、昭和天皇は「戦争犯罪人」ではない。連合国に一方的に押し付けられた東京裁判においても、昭和天皇が戦争犯罪人として訴追された事実は無く、日本と交戦した米国ですら昭和天皇を戦争犯罪人としていない。まして、日本と朝鮮が戦火を交えた事実も無く、韓国から昭和天皇を戦争犯罪人呼ばわりされる筋合いは毛頭無いのである。政府は昭和天皇が戦争犯罪人ではないことを韓国に明確に伝えなければならない。

第二に、文議長の発言は平成二十七年（二〇一五）十二月の「日韓合意」に違反する。ここには、慰安婦問題の「最終的かつ不可逆的な解決」を確認し「互いに非難、批判することは控える」と明記されている。「最終的かつ不可逆的な解決」をしたのに、なぜ天皇陛下の謝罪が必要になるのか不明であるし、米国メディアを通じてこのような趣旨を世界に伝える行為自体が、日韓合意を破る背信行為に他ならない。議長は「日韓合意」を読んだことが無いなら直ちに読むことを勧める。もし読んでいるのにあの発言をしたなら「強請《ゆす》り集《たか》り」の類と言われても致し方なかろう。

第三に、日本において「天皇」は日本国の元首であるばかりか、日本国および日本国民統合の象徴である。その天皇陛下を「戦争犯罪の主犯の息子」と揶揄し、慰安婦問題は日韓合意で解決済みであるにもかかわらず、天皇陛下に自称元慰安婦の老婆の手を握って謝罪するように述べることは、我が国の元首かつ象徴を侮辱することであり、それは日本国および日本国民の名誉を著しく毀損することに等しい。卑しくも文議長は韓国の三権の長であり、その発言には責任が伴う。外交儀礼上許されることではない。

しかも、文議長は元韓日議員連盟会長で知日派として知られる。このような人物が知日派なら、もう韓国とは付き合う方法が無いのではないか。

「韓国アレルギー」が蔓延

日本国および日本国民統合の象徴を侮辱することがどのような意味を持つか、文議長は想像したことがあるだろうか。もし逆の立場で、日本の三権の長の一人である安倍総理が、韓国の象徴である韓国旗を引きちぎったら、韓国民はどんな気持ちになるであろう。「日本を攻めろ」という戦争論すら起きかねない。

実際、日本ではその程度では済まない。天皇の侮辱は、国旗の侮辱とは次元が異なる。天皇を侮辱することの意味は、日本を占領したGHQが、天皇だけには丁重に接した事実から知るべきである。マッカーサー元帥が昭和天皇と面会した際、昭和天皇の言動に接して感動し「神の如き帝王の姿を見た」と述べたことは有名である。天皇と国民の絆を見てしまった元帥は、昭和二十一年（一九四六）一月に次の極秘電文を本国に送っている。

「『天皇を告発すれば、日本国民の間に想像もつかないほどの動揺が引き起こされるだろう。その結果もたらされる事態を鎮《しず》めるのは不可能である』『天皇を葬《ほうむ》れば、日本国家は分解する』

連合国が天皇を裁判にかければ、日本国民の『憎悪と憤激は、間違いなく未来永劫《えいごう》に続くであろう。復讐の為の復讐は、天皇を裁判にかけることで誘発され、もしそのような事態になれば、その悪循環は何世紀にもわたって途切れることなく続く恐れがある』」（西鋭夫『國破れて マッカーサー』中央公論新社）

私は天皇を守るためならいつでも命を投げ出す用意がある。過激と思う人もいるだろうが、天皇さえ残れば日本は存続するし再興し得ると考えられてきたのは歴史の事実である。そして、私と同じ考えの人は少なからず一定数いる。日本人の大多数は文議長の暴言に接し、極めて強い怒りと嫌悪感を抱いた。

韓国国会議長が天皇を侮辱する発言をするなら、もう日本は韓国と国交を断絶すべきではなかろうか。かつて「韓国との国交断絶」を口にすると、過激なことを言うと顔をしかめられたものだが、最近はほとんどの人がこれに違和感を持たなくなった。

文議長のこの発言は日本人のほぼ全員を敵に回したといっても過言ではない。ここ数年は「韓国疲れ」という言葉が頻繁に使われるが、もはや潮流は「韓国疲れ」から「韓国アレルギー」へと移行したと思われる。ちなみに「アレルギー」とは、特定の抗原（韓国）を拒否する免疫反応のことをいう。日本人はもう韓国を生理的に受け付けない段階に至ったといえる。

卑怯な「朝鮮論法」を許すな

私は日本人の「韓国アレルギー」の主な原因は「朝鮮論法」であると見ている。第一段階「威嚇する」、第二段階「立場が悪くなると嘘をついてごまかす」、第三段階「嘘がばれたら開き直る」、第四段階「ゴールポストを動かして被害者としての地位を確立する」、第五段階「謝罪を要求する」、第六段階「最後どうしようもなくなったら『愛情はないのか！』と叫ぶ」という段階を踏むのが朝鮮論法である。

文議長の天皇陛下への〝謝罪要求〟が第一段階だった。その後、レーダー照射問題などと同様に韓国側は嘘とごまかしを連発してきた。この暴言が報道されると、議長はまずいと思ったのか、早くも翌九日には、発言自体が無かったことにしようとした。これが第二段階である。

インタビューに同席した国会報道官は朝日新聞の取材に「文氏は『戦争犯罪』という表現は使っておらず、『戦争当時の天皇の息子』と述べたと思う」と述べ、「戦争犯罪の主犯の息子」という発言はしていないと否定したのである。

報道が捏造と指摘されて黙っていなかったのがブルームバーグである。同社は十二日、取材時の音声データを公開した。これにより、発言は無かったという韓国側の主張が全くの出鱈目だったことが白日の下に曝け出された。レーダー照射問題と同じような経緯を辿っているのは偶然ではなかろう。国家ぐるみで嘘をつく韓国に対抗するには、証拠を突き付けるのが有効であるということだ。これで、さすがの文議長も発言は認めざるを得なくなった。

次に文議長は「重要な位置にいる指導者の真心込もった謝罪を強調する脈絡から出た表現」と説明してみせた。だが、昭和天皇を「戦争犯罪人」と述べた点には触れていないうえ、天皇陛下に謝罪要求した事実は動かないため、何の弁明にもなっていない。

続けて文議長は発言について謝罪に応じない理由として「平素からの持論。十年前から話してきた」と述べ開き直った。これが第三段階である。だが、中身は空で開き直りにすらなっていない。そして文議長は次のように続けた。

「なぜこのように大きな問題になるのか。官房長官が出てきたと思えば、安倍総理まで出てきたことは、到底理解できない。確実で明らかなのは、これは謝る事案ではありません。合意書が数十個あっても仕方がない。被害者から最後の承服、『許す』という言葉が出るまで謝罪しろということです」

日本としては韓国議長が天皇陛下に謝罪を要求したことに激怒して撤回と謝罪を要求しているが、加害者を被害者に転換する彼ら独特の思考回路がここで発動する。慰安婦問題の被害者として、被害者が許すまで謝罪し続けなければならないと言い放つのであるから、第五段階まで予定通り進展してきたということである。

日本が追及の手を緩めず、最後どうしようもなくなったら、文議長は「日本人に愛情は無いのか！」と叫んで情に訴えるであろう。これが朝鮮論法なのだ。文議長の暴言について菅義偉《すがよしひで》官房長官は「甚だしく不適切で極めて遺憾」、また安倍総理も「多くの国民が驚きや怒りを感じたと思う。議長は同趣旨の発言を繰り返しており極めて遺憾」と述べた。

しかし「遺憾」という言葉をいくら韓国に向けたところで、日本人の「怒り」は伝わらない。「遺憾」とは「思い通りでなく残念なこと」を意味する。まして、河野太郎外務大臣は「発言には気を付けていただきたい」と苦言を呈したというが、そのような弱々しい態度では逆に誤解される危険がある。これでは同様の暴言が今後も繰り返されることになるだろう。

文議長に日本人の「怒り」を伝えるなら、「遺憾」や「気を付けて」といった丸い言葉ではなく、心の底から後悔させるような激烈な批判を浴びせなくてはならない。文議長自身の入国禁止も直ちに伝達すべきだ。

（平成三十一年四月号）

第五章　新元号と日本再生

教育勅語の復活が日本を救う

文科相と田原総一朗氏が肯定

文部科学省は平成二十六年（二〇一四）四月八日、行方不明になっていた教育勅語の原本が、五十二年振りに確認されたと発表した。これを受けて下村博文文部科学大臣〔当時〕は、「（教育勅語には）至極まっとうなことが書かれており、当時、英語などに翻訳されて他国が参考にした事例もある」と発言し、話題を呼んだ。現代において、教育部門を担当する大臣が教育勅語の内容を肯定したことは、歴史的に意義深いことと思う。下村大臣の発言を受けて、ネット上には、教育勅語を「再評価したい」「復活させるべきだ」という書き込みが見られたものの、「軍国主義を美化する暴言」「歴史に逆らうもの」「戦前の日本に復帰したいのか」といった意見も多かった。

ところが、私が何よりも驚いたのは、平成二十六年三月二十八日に放送されたテレビ朝日系「朝まで生テレビ！」での田原総一朗氏の発言だった。この日のテーマは「激論！

〝安倍教育改革〟」で、下村大臣をはじめ、私もパネリストとして出演していた。

道徳教育について議論が進むなか、田原氏は教育勅語の原文のパネルを示して、戦前の教育を受けたからいまだにこれを暗唱していると前置きした上で「これでいいじゃない。どこがいけないの?」と、教育勅語を復活させれば良いという趣旨の発言をしたのだった。また、田原氏は四月十五日付の公式ブログにも「(教育勅語には)ほとんどが現代にも通じる、生きていく上で大事な教えが、たくさんあったと僕は思う」と書き記している。現役の文科大臣の発言も然ることながら、元々革新思想を持っていた田原氏が同様の発言をしたことは、また違った意味で意義深かったと思う。まさか田原氏が教育勅語を肯定する発言をするようになるとは、夢にも思っていなかった。

近年、大津いじめ事件などを受けて道徳教育の重要性が指摘されるなか、文科省の「道徳教育の充実に関する懇談会」は、小中学校の道徳の授業を「教科」に格上げする方針をまとめた。平成二十七年度から一部実施され、道徳のテキストが教科書検定の対象になるという〔その後、小学校および中学校の「道徳」の教科への格上げは、小学校では平成三十年度から完全実施され、中学校では平成三十一年度から完全実施された〕。道徳教育が議論されるなか、明治から終戦まで、国民の修身道徳教育の根本規範とされてきた教育勅語への関心も高まる傾向にある。

明治二十三年（一八九〇）十月三十日に明治天皇が渙発《かんぱつ》なさった教育勅語は、翌年から全国の小学校に配布され、以来、国民の修身道徳教育の根本規範として長らく大切にされてきた。教育勅語の謄本は普段、天皇の御真影と共に学校内の奉安殿に奉安され、入学式や卒業式など学校の式典では、早朝に潔斎（心身を清めること）を済ませた校長が、白手袋で恭《うやうや》しくこれを持って読み上げるのが慣例となっていた。当時の子供たちは教育勅語を暗唱していて、これをもじったギャグまで浸透していたという。

ところが、終戦後、ＧＨＱの圧力によって昭和二十三年（一九四八）六月十九日に、衆議院で「教育勅語等排除に関する決議」があり、以降、教育勅語は国民の意識からほとんど消え去ってしまった。それどころか、「軍国主義教育の象徴」とまで言われるようになった。この論争の根底には歴史認識の問題がある。

明治維新を完成の領域に引き上げた

教育勅語が発せられる前の明治十年代、日本では教育が荒廃しきっていたことはあまり知られていない。本来明治維新の目的は次の二点だった。文明開化によって外国の良いものを取り入れることと、神武建国の精神に立ち返ることだったが、欧米化のみが急速に進み、日本の伝統的な文化や精神は失われようとしていた。

そこで、明治天皇の思し召しにより、修身道徳教育の方法が議論された結果、勅語によりその規範を示すことが決まった。当初の文部省案は次のようなものだった。

「忠孝の心は天を畏るゝの心に出で、天を畏るゝの心は人々固有の性に生ず。されば天を畏るゝの心は即ち神を敬ふの心にして……」

これを読んで牧師の説教のような印象を受けた人が多いだろう。それもそのはず、この文案を起草した東京女子高等師範学校校長の中村正直《なかむらまさなお》という人物は、敬虔なるキリスト教徒だったのだ。

この文部省案を見て仰天したのが、当時の法制局長官井上毅《いのうえこわし》である。井上は、この案はおよそ勅語の体をなしていないばかりか、宗教や哲学の教義のようなもので、君主の口から出るのに相応しい内容ではないとし、次の原則に基づいて書き直すべきと主張した。

「天を敬い神を尊ぶ」などの語を避けること、難しい哲学上の理論を避けること、政治的表現は避けること、漢学者や洋学者流の言い回しを避けること、愚者を戒めるような表現を避けること、特定の宗派に偏った表現を避けること。

ところが、この原則に従って天皇の「御言葉」を書き上げる能力がある者は他に無く、山縣有朋《やまがたありとも》総理は、結局井上にその起案を命じることになった。井上は大日本帝国憲法の草案を書き上げた人物である。この時期、既に憲法は発布され、施行を待つばかりであったが、井上はもう一つ歴史的大事業を任されることになった。そして井上は起草途中で逐次明治天皇の裁可を受け、教育勅語が完成した。

国民は教育勅語を喜んで受け入れ、我先にとこれを実践した。それにより日本人は短期間の内に和の精神を取り戻すことに成功したのである。教育勅語が、明治維新を完成の領域に引き上げたといえよう。

実践すれば素晴らしい国になる

ここで、大雑把ではあるが教育勅語の内容を現代語の意訳で眺めていきたい。書き始めの「朕惟《ちんおも》フニ」は勅語全体にかかる言葉で、以降は全て明治天皇の考えが示されていることが分かる。そして、先ず歴代天皇は立派だった旨が「太古の昔に徳のある国を建てて育んできたことが立派だった」と語られた後、立派だったのは歴代天皇だけではなく、「臣民」つまり、国民に触れ、「国民も立派だった」と続く。すなわち「いつの時代の国民も、心を一つにして国をよく支えてくれた」というのだ。勅語の冒頭に天皇と国民との関係性が示されていることには重要な意味が有る。天皇と国民が一体となって二〇〇〇年来、国を守り育ててきたことが、日本人の修身道徳の根本であることが示されている。

続けて勅語は「親孝行しなさい、兄弟は仲良くしなさい、夫婦は仲睦まじくしなさい、友達はお互いに信じなさい、そして、我儘な振る舞いをせず、周りの人たちに愛情を注ぎなさい」と、人間としての基本的な道徳を説く。儒教の教えをそのまま丸写ししただけという指摘があるが、それは儒教を学んだことが無い人の意見であろう。儒教的に書くなら、子は親に従い、弟は兄に従い、嫁は夫に従い、となるはずである。

その後勅語は「勉強しなさい、職業を身に付けなさい、賢い人になりなさい、徳を備えた人になりなさい、そして、それを世のため人のために使いなさい」と、国民国家の一員としての生き方を説く。他者のために生きなさいという伝統的価値観がここに投影されているのである。

続く「常に憲法と法令を重んじ、もし国が危機に直面したら、正義に照らし合わせて勇気を持って公のために奉仕して、万世一系の皇統が続くようにしなさい」という部分は「戦争が起きたら天皇のために戦って死ね」と理解され、教育勅語が「軍国主義教育の象徴」といわれる根拠となったが、そう読むのは誤りである。

ここは「国の危機にあたり、国のためにできることを実践しなさい」という意味であり、「天皇のために死ね」という意味ではない。そもそも、近代国家においては憲法の明文規定の有無にかかわらず、国民には当然に国防の義務がある。国民国家が攻められて国民が国を守らなければ、一体誰が国を守るのか。中国と韓国の憲法には国民の国防義務が明記してあるし、EU二十七カ国中、二十カ国が憲法に兵役の義務を書いている。これには敗戦国のドイツも含まれる。もし日本国民に国防義務が無いというのであれば、それは国民国家の否定を意味する。

再び勅語に戻っていこう。次に「これまでに述べてきたことは、天皇のために実行するのではない。ご先祖様たちが大切にしてきた生き方を実行してこれを顕彰することは、あなたたち自身のためになることなのです」と説く。

そして、全体を総括する言葉で締め括られる。「ここに示した生き方は、歴代天皇の遺訓で、天皇と国民が共に守るべきものであって、これは時代と共に変化するものではなく、また世界のどの地域においても共通するものであるから、天皇である私がまず率先してこれを実行するので、あなたたちもぜひこれを実行し、徳をひとつにすることを願っている」

かつて、世界の王や皇帝が民に命令を下したことは多くの事例があろうが、修身道徳の規範を示して、これを自ら実践した帝王が他にいたであろうか。現代日本人が教育勅語を取り戻して、国民挙ってこれを実行したら、日本は素晴らしい国になるであろう。たとえこのまま復活できなくとも、小中学校の道徳の授業で、教育勅語の精神を余すところなく教えることができたら、日本は必ず再生する。

（平成二十六年七月号）

中学校長ブログ削除事件

「天皇と民が心を一つに暮らしてきた」

平成二十七年（二〇一五）二月十八日付中日新聞は「天皇関する記述　市教委『断定的』　一宮・校長のブログ注意」との見出しで、愛知県一宮市内の中学校長が、ブログに日本の建国や国柄に関する記事を掲載したところ、十二日に市教育委員会から「注意」を受け、校長が記事を削除したと伝えた。

この件はインターネットなどで大きな話題となり、産経新聞も二月二十二日に「神話や建国記述『間違ってない』　削除の中学校長ブログ　激励相次ぐ」（東京本社最終版）との見出しを掲げて事件の経緯を説明し、記事を評価するなどの電話やファクスが多数寄せられたことを伝えた。また、削除された校長のブログ記事の全文も掲載した。二月二十五日付の社説（主張）「校長ブログ　神話や伝承から学びたい」では、市教委の対応に懸念を表明し「校長が伝えようとした神話・伝承は、古事記や日本書紀などに書かれ、先人の国造りの思いなどを伝える貴重な遺産である。未来を担う若者や子供たちに大いに語り継ぎ、教えたい」と指摘している。

このブログを書いたのは、愛知県一宮市立奥中学校の岩原豊起校長である。ブログはおよそ次のようなものであった。先ず「日本の建国は、今から二六七五年前の紀元前六六〇年二月十一日、初代、神武《じんむ》天皇が即位した日が始まりです」①と、日本の起源について語り、次に、困窮する民の姿に心を痛めた第十六代仁徳《にんとく》天皇が徴税を止め、後に豊かになった民の姿をご覧になって「私は豊かになった。喜ばしいことだ」と皇后に仰せになったという「民の竈《かまど》の賑わい」の逸話②を紹介し、「こうした神話こそが、その国の国柄を示しているとも言えるのです」と述べている。さらに「こうした天皇と国民の関係性は、何も仁徳天皇に限ったことではありません」とし、続けて先の大戦後の昭和二十年（一九四五）九月二十七日に昭和天皇がマッカーサー元帥をお訪ねになった時の話③を紹介している。

ここでは、戦争の責任は自分にあるから私一人を罰して欲しいと語った昭和天皇に、元帥が感動して「私は初めて神のごとき帝王を見た」と言い残したことなどが述べられ、校長は次の言葉で記事を締め括っている。素晴らしい文章なのでそのまま引用したい。

「このように、初代、神武天皇以来二六七五年に渡り、我が国は日本型の民主主義が穏やかに定着した世界で類を見ない国家です。日本は先の太平洋戦争で、建国以来初めて負けました。しかし、だからといってアメリカから初めて民主主義を与えられたわけではありません。また、革命で日本人同士が殺しあって民主主義をつくったわけでもありません。

古代の昔から、日本という国は、天皇陛下と民が心を一つにして暮らしてきた穏やかな民主主義精神に富んだ国家であったのです。

私たちは日本や日本人のことを決して卑下する必要はありません。皆さんは、世界一長い歴史とすばらしい伝統を持つこの国に誇りを持ち、世界や世界の人々に貢献できるよう、一生懸命勉強に励んで欲しいと思います」（④）

「矛盾」が生じる余地はない

報道によると、市教委にはこのブログを批判する電話が一件有ったことを受け、「神話を史実のように断定的に書いている」「部分的に読むと史実と受け止められかねず誤解を招く」（いずれも平成二十七年二月二十二日付産経新聞）とし、「断定的な書き方で、個人の考え方を押しつけかねないと判断した。慎重さを持つように指導した」（二月十八日付中日新聞）という。市教委の岩原校長への「注意」「指導」が適切であったか論じていきたい。

先ず①の神武建国については、二月十一日とされている理由が重要であろう。建国記念の日は昭和四十一年（一九六六）の祝日法改正により祝日に加えられた。その日をいつにするかは当時議論があり、政府は建国記念日審議会の答申を受けて政令で「二月十一日」と定めた。大戦終結までこの日が建国を祝う紀元節だったことを踏襲したものである。ちなみに当時の総理官房広報室が行った世論調査でも、元の紀元節の日とすべきとの意見が四七・四パーセントと、他を圧倒して最も支持されていた。では明治時代になぜこの日を建国の祭日としたのか。それは『日本書紀』が伝える初代の神武天皇の御即位の日が根拠だった。政府は国民の世論を参考に、『日本書紀』の記事を根拠にして、この日を建国記念の日としたのである。

しかも『日本書紀』は天武天皇の命で、今でいう政府が編纂した公式な文書であり、ここには政府の公式見解が書かれている。現代の政府は、当時の政府が残した文書を最大限尊重して二月十一日を建国記念の日と定めたのであり、校長はそのことを述べているに過ぎない。少数意見や政府の立場に反することならまだしも、①のように政府が尊重し根拠にしたことを学校長が表現することを、問題とすること自体が問題である。「竹島は日本の領土」と書いたら、「誤解を招く」「個人の考えを押しつけかねない」と問題視するのと何ら変わらない。

また、『日本書紀』の神武天皇の条は神話的要素を含んでいることは確かだが、御即位とその年月日に関する記事は、神話ではなく歴史として書かれている。それどころか、戦後の史学界と考古学界において、神武天皇の御即位を否定する確固たる学問的根拠を示した論文は未だ一本もない。政府編纂の公文書に記されている以上、矛盾や非合理性がない限り、その記事は尊重されて然るべきである。

次に②の仁徳天皇の逸話は、これも①同様に政府が編纂した『日本書紀』に書かれている。しかも、仁徳天皇の条には神話的要素はほとんど無く、『日本書紀』はこの逸話を史実として書いている。①と同様に、学界でこれを否定する学問的根拠が示されたことは無く、やはり、公文書に書かれている以上、矛盾や非合理性が無い限りは尊重されるべきものである。したがって①も②も史実を史実として表現したものといって良く、市教委がいう「矛盾」など生じる余地は微塵もない。まして、記事は『日本書紀』を根拠にするものであって、市教委が言うように「個人の考え方」にも該当しない。

もし仮に①と②が歴史ではなく神話だったとしても、岩原校長は「この話は神話であり、作り話であるという説もあります」と断っている。中学社会科の学習指導要領は「神話・伝承などの学習を通して、当時の人々の信仰やものの見方などに気付かせるよう留意する」と明記していることから、校長の文書は学習指導要領にも沿ったものであるといえる。

偏向教育にこそ目を向けよ

神武建国の精神や仁徳天皇の民の竈の話などは、短く見積もっても千数百年もの間「真実」として大切に語り継がれてきた。日本の国柄や日本人の精神性を知ることができるこのような逸話を生徒に伝えることは、教育基本法が定める教育の目標の一つ「我が国を愛する態度を養う」に合致するものである。敢えて問題点を指摘するなら、①の神武建国については「～と日本書紀に記されています」と書かれていれば良かったと思われる。市教委が指導すべきことがあるとすれば「ブログの削除」ではなく、この部分を付記するように言うことではなかったか。

ところで、産経新聞は社説で①と②は神話であるという前提で記事を書いているようでもあるが、執筆者は『日本書紀』を読み直して欲しい。この二つの逸話は決して神話として書かれていない。

次に③の昭和天皇とマッカーサー元帥の逸話は、通訳の手記や、元帥自身の日記にも記されていることである。④の日本型の「穏やかな民主主義精神」の件は、校長の個人的見解ではなく、数々の歴史文書により実証されている史実を述べた至極全うな記事である。我が国は仁徳天皇の言葉として『日本書紀』が伝えるように、天皇は国民のために存在しているのであり、その天皇を二〇〇〇年以上の長きに亘って国民が守り支えてきたことは、紛れもない史実である。我が国は建国以来、国民のために存在してきた。それが、岩原校長が述べる「(日本型の) 穏やかな民主主義」なのである。

また、米国から民主主義を与えられたわけではないという件も、マッカーサー元帥自身が「広ク会議ヲ興シ万機公論ニ決スベシ」と定めた五箇条の御誓文を褒めている点から窺える。またポツダム宣言が占領解除の条件として「民主主義的傾向ノ復活強化 (the revival and strengthening)」と明記していることからも確認できる。当時の日本に民主主義がなければ「復活」も「強化」もできるわけがない。

岩原校長はこのような日本に誇りを持ち、世界に貢献できるように勉強せよと語りかける。これぞ教育者の鑑というべき言葉ではなかろうか。一宮市教委の「注意」「指導」は合理性に欠けた不適切なものだったと結論付けざるを得ない。市教委は、このような校長の言論を封殺するのではなく、生徒たちに日本の誇りを教えようとしない従来の偏向教育にこそ目を向けるべきではあるまいか。校長のブログ記事こそ新しい教育基本法に則った先駆的な言論であると高く評価できる。

ところで、本稿を書くに当たって一宮市教委に取材を申し込んだところ、断られた。

（平成二十七年五月号）

日本人なら元号を使おう

使用を再開した共産党

日本共産党の機関紙「しんぶん赤旗」が平成二十九年（二〇一七）四月一日付から、約二十八年振りに「平成」の元号を併記するようになった。同日付の二面は「お知らせ」と題し、「読者のみなさまのご要望を受け、本日付より1面題字横の日付に元号（平成29年）を併記します」と伝えた。二日以降も継続しているため、エイプリルフールではなく、本気だったようである。

元号は旧皇室典範に規定が有ったため、戦後の新憲法に基づく新皇室典範にも元号に関する規定が盛り込まれる予定であったところ、「天皇の権威を増すおそれがある」という連合国占領軍の意向によって削除された経緯がある。その後も、昭和二十五年（一九五〇）に参議院で元号に関する公聴会が開かれるも、反対が多数を占め法制化は見送られた。元号法の成立は、昭和五十四年（一九七九）を待たなければならなかった。

そもそも、かつての共産党は、元号は天皇と密接に関連するものであるから、日本国憲法の基本原理である「国民主権」に反するとして廃止を主張していた。

共産党を支持する「しんぶん赤旗」の読者が元号併記を「要望」したというのは一体どのような風の吹き回しなのか。平成二十八年（二〇一六）から天皇陛下親臨の国会開会式に共産党議員が出席するようになったのと併せて、不可解なことが起きている。これは、野党連合を組んで選挙を戦おうとする共産党が、皇室に対する態度を柔軟にさせている表れだと見られる。しかし、たとえ方便にせよ、国民の間に元号が浸透していることを窺い知ることはできよう。

天皇陛下〔現上皇陛下〕が平成二十八年に譲位の意向をお示しになってから、元号への関心が高まっている。現行の元号法は、第二項で「元号は、皇位の継承があつた場合に限り改める」と定めている。譲位が実現すると元号が改められるため、「いつ」「どのような」元号に変わるのかが関心を集めている。天皇陛下の譲位には賛成でも、慣れ親しんだ「平成」が終わってしまうことに寂しい気持ちを抱く人は多い。

他方、この際元号を廃止すべきであるとの意見も有る。確かに、我が国では広く西暦が使用されているため、元号と西暦の使い分けは煩わしいともいえる。国際社会と深く繋がった日本が西暦の使用を廃止することは現実的でないため、もし一本化するなら元号を廃止することになろう。ではなぜ私たちは、元号と西暦の両方を使用しているのだろうか。

独立国の証

年を数える「紀年法」には、建国や革命、あるいは王の即位を紀元とするものなど様々ある。最も世界で普及しているのが、キリストの生誕を紀元とする西暦である。また、仏の入滅を紀元とする仏滅紀元、イスラム教預言者のムハンマドがマッカからマディーナへ聖遷したのを紀元とするイスラム暦、ユダヤ教において神が世界を創世した日を紀元とするユダヤ歴があるほか、日本では初代天皇御即位の日を紀元とする皇紀がある。

このように、特別な日を起点に年数を数える紀年法が多い中、時々改められる元号は異色といえる。元号は前漢の武帝《ぶてい》が定めたのが始まりで、かつては朝鮮やその他の中国文化圏で広く使用されていた。古代中国では、正しい暦を制定して民に農耕の時期を知らせることは帝王の責務かつ特権であると考えられていて、帝王が即位すると元号を制定して年を数えた。暦を定め、元号を立てることは、帝王が「時間」の支配者であることを意味した。中国の歴代王朝では、同じ王朝においても皇帝の代替わりや、その他の事由によって幾度も元号が改められるようになった。

そして、中華帝国は周辺諸国に自分たちの元号を使用させるようになり、そういった国々も元号を使用することで帝国への服従の意を表した。朝鮮三国は独自の元号を立てたこともあったが、中華帝国から厳しく批判され、中止せざるを得なかった。ベトナムも独自の元号を使用したのは、中華帝国から独立してからフランスの植民地になるまでの期間に限られる。

ところが日本は第二十一代雄略《ゆうりやく》天皇の代（五世紀）から中国の冊封を受けることを拒絶し、独自の天下を歩み始め、後には独自の元号を立てるようになる。つまり、日本にとって元号を使用することは、独立国であることの証だったのである。

皇極《こうぎょく》天皇四年（六四五）に制定された「大化《たいか》」が我が国最初の元号で、次に「白雉《はくち》」が制定されてからは暫く断絶し、文武《もんむ》天皇五年（七〇一）が「大宝《たいほう》」と定められてから、現在まで途絶えること無く続いている。そして現在私たちが使っている「平成」は最初の「大化」から数えて二四七番目の元号に当たる。

そして大宝元年（七〇一）に制定された大宝令では、公文書に元号を用いることが義務付けられ、以来一三〇〇年以上の長きに亘り公文書に用いてきた。現在でも、パスポートなどの外国向け文書を除き、公文書は元号表記が用いられている。

確かに元号は日本独自の文化ではなく、中華帝国を真似て始められたものであった。しかし、一九一二年に辛亥《しんがい》革命が起きて清朝が倒れてからは、中国でも元号は使われなくなり、また朝鮮も連合軍軍政期以降は元号を立てていないため、現在世界中で元号を使っている国は日本だけになってしまった。最早《もはや》元号は「日本の文化」といって良いであろう。

改元事由も面白い。新帝の即位だけでなく、例えば、珍しい動物や黄金が献上され、あるいは慶雲（縁起が良い雲）が出現したなどの祥瑞《しょうずい》（吉兆）が起きた時に、その運気に乗るために改元する「祥瑞改元」がある。また、それとは正反対に飢饉、地震、疫病などの災異（凶事）が起きた時に運気を切り替えるために改元する「災異改元」もある。

その他にも辛酉《しんゆう》年・甲子《かっし》年には革命や争乱が起きると信じた中国の影響により、その悪運を避けるために「革命改元」が行われてきた。一年の内に二度改元されたこともあるが、明治元年（一八六八）には天皇一代につき一元号と定められ、天皇の代替わり毎に新しい元号が定められることになって現在に至る。

幕末は災異続きであったため、短期間の内に何度も改元された。一代一元号とされたのはその反動のようにも思える。災異改元の考えに立てば、例えば、終戦、阪神・淡路大震災、東日本大震災などで元号が改められていたことと思う。

現在では改元事由は天皇の代替わりに限定されているとはいえ、それだからこそ「平成が終わってしまうのは寂しい」という感情が生じ得るのである。

西暦と併用する便利さ

昭和天皇崩御の当日、新元号が「平成」であることが発表され、その翌日の深夜零時に元号が変わった時のことを覚えているだろうか。私は中学生ながら、昭和天皇の崩御の悲しみ覚めやらぬまま、テレビの番組に釘付けになって、改元の瞬間を固唾を呑んで見守ったことを良く覚えている。一つの時代が終わったことを強烈に意識した瞬間でもあった。元号は日本人が共有する時間軸で、その区切りには個性が有り、歴史的必然性が有る。それは西暦が、百年単位で「何世紀」あるいは十年単位で「何十年代」と無意味に区切るのとは全く異なる。

元号廃止論者がいうように西暦との併用は煩雑であることは確かだが、私たち日本人は漢字に音と訓という二つの読みを与え、さらに平仮名とカタカナをも併用してきた。三つの系統の表音文字と表意文字を並列して使用している言語は他に類を見ない。一見煩雑なように思えるが、漢字だけ、あるいはカタカナだけで生活する不便さを考えたら、併用する方が理に適っている。

それに比べれば、元号と西暦を併用するのは然程煩雑ではなかろう。私たちは西洋と日本の紀年法を併用することで、西洋社会と日本社会の両方の時間軸を持つことができる。併用することで、実は合理的な社会生活を送っていることに気付くべきである。世界史なら西暦、日本史なら元号で語った方が分かりやすい。例えば「一九一九年」だと判然としないが「大正八年」と書けば瞬時に大正時代中期であることが分かる。元号を併用することの煩雑さよりも便利さを意識してみて欲しい。

「しんぶん赤旗」ですら元号の併用を再開したように、日本人の気持ちを背負い込んだ記号としての元号に親しみと重みを感じる人は多い。西暦は今や世界標準になっているため、これが排除されることは無いであろう。日本人ならば、意図的に西暦より元号を使い、これを後世まで残していかなくてはならない。

（平成二十九年六月号）

元号の歴史を変えた「令和」

令和は意外と奥深い

一三〇〇年以上に亘る我が国の元号の歴史で、今回初めて国書（日本古典）を出典とする元号が選ばれたことは、実に画期的であったといえよう。従来、元号は漢籍（中国古典）を出典としてきたため、今回の改元は、我が国の元号の歴史における大転換といっても良い。テレビや新聞を通じて「令和」の意味が伝えられたが、その説明があまりに短絡的で不十分と思い、本稿でその意味するところを述べておきたいと思う。

令和の出典は『万葉集』の梅の花の歌三十二首の序文の次の箇所である。

「時《とき》に、初春《しょしゅん》の**令**《れい》月にして、気《き》淑《よ》く風**和**《かぜやわら》ぎ、梅は鏡前《きょうぜん》の粉《こ》を披《ひら》き、蘭は珮後《はいご》の香《こう》を薫《かお》らす」（時は初春のよい月で気はよく風は穏やかである。梅は鏡の前の白粉のように白く咲き、蘭は匂い袋のように香っている）

端的にいえば「令月（よい月・よい時期）に風が和らいでいる」という意味だが、それで令和を理解したと思ったら大間違いである。
天平《てんぴょう》二年（七三〇）正月十三日に、大宰帥《だざいのそち》である大伴旅人《おおとものたびと》の邸宅で宴会が開かれた時の様子を語るこの序文には、続きがある。序文全体を読まない限り令和の持つ本当の意味を理解することはできない。『万葉集』の該当箇所は、蘭の香りのことに続けて描写されていることを部分要約すると次のようになる。

山の峰には雲が差し掛かり、松はその雲をまとって衣笠をさしかけたように見える。山の頂には霧がかかっていて、鳥はその霧に封じ込められて林の中に迷っている。庭には今年生まれたばかりの蝶が舞っていて、空には去年渡ってきた雁が帰っていく様子が見える。私たちは天を屋根にし、地を筵《むしろ》にして、膝を近づけて酒の盃を回す。この宴は言葉も忘れるほど楽しく和やかである。もし文筆によらないのであれば、どうして心の中を述べ尽くすことができようか。皆、庭の梅を題として短歌を詠もうではないか。

季節も気も風も良く、花が咲き、遠くの林や山の情景も美しく、蝶や雁が舞う空を眺め、あまりに美しい情景に人々は言葉も忘れて見入っていたという。そして、心の中を述べるには和歌を詠むしかないと、皆で短歌を詠み始めた。その結果が、この序文の後に収録されている和歌三十二首だった。令和は、ただ「よい月」「おだやかな風」を意味するだけではなく、序文で語られている情景と、その情景が持っている力を背負っていると見なければばならない。それほど令和は、美しく、縁起よく、生命の息吹に満ちた、そして人々の仲と、文化的な感性を背負った元号なのである。

安倍総理が談話で令和の意味を解説する際に「文化」について触れたが、序文全体を読んでこそ初めて理解できるところではないだろうか。

「平成」はその出典である「内平《うちたいら》かに外成《そとな》る」が示すとおり、戦争の無い平和な時代となった。平成を受け継ぐ令和は、その平和な時代を、人々の和により活力に満ちた時代を作り上げていくというような意味合いになるのではないか。国家の一大理想として相応しい意味を持った元号を選んで下さったことを、私は嬉しく思う。

他候補も意味深長

報道によれば、最終候補に残ったのは「英弘《えいこう》」「久化《きゅうか》」「広至《こうし》」「万和《ばんな》」「万保《ばんぽう》」「令和」で、その内「英弘」「広至」「令和」の出典は『万葉集』のほか『古事記』『日本書紀』であるという。令和の出典は『万葉集』だが、「英弘」「広至」の出典と意味についてはほとんど話題になっていないので、本稿で検証しておきたい。

英弘の出典は『古事記』の序文であると思われる。一つの文中に「英」と「弘」があるのは記・紀全編の中でここにしかないため間違いないであろう。

『古事記』序文は、古事記を執筆した太安万侶《おおのやすまろ》によるもので、古事記編纂の趣旨や経緯などを述べている。この序文に、古事記編纂を命ぜられた天武《てんむ》天皇を称える次の一文がある。

「英《すぐ》れたる風を敷きて国に弘《ひろ》めたまふ」（すぐれた教えを国中にお広げになりました）

英弘は途中まで最有力候補であったと伝えられる。音階調和も良く、意味も深長で、元号候補として優れているといえよう。

広至の出典は『日本書紀』巻第十九「欽明《きんめい》天皇紀」の欽明天皇三十一年の条と思われる。一つの文中に「広」と「至」があるのは『記』『紀』全編の中でここにしかない。朝鮮の高麗の使者の船が難破して越国《こしのくに》（福井県中部から山形県庄内地方にかけて）に漂着した際に、地元の住民が手厚く面倒を見たことが欽明天皇に報告されると、天皇は越国の人々を称える詔《みことのり》を発せられた。そこに次の一文が見える。

「豈非徽猷**広**被・**至**徳魏々・仁化傍通・洪恩蕩々者哉。有司、宜於山城国相楽郡、起館浄治、厚相資養」（よい政治が広く世界を覆うに至り、徳は高く盛んで慈愛に満ちた教えと恩恵がいき渡っていることではあるまいか）

明治二十三年（一八九〇）にオスマン帝国の軍艦エルトゥールル号が和歌山県の紀伊大島沖で遭難し、地元住民が救助と治療に尽力したことを彷彿とさせるような出来事が、欽明天皇の時代にも有り、天皇自らその地域を称える文章であって、実に意味深長といえよう。

このように、『記』『紀』を出典とした候補まで知ることができたことは興味深い。

漢籍を用いて中華王朝を批判

さて、元号が漢籍を離れて国書を出典とした候補から選ばれたことは、多くの日本人の共感を得たようである。今後、漢籍に由来する元号が選ばれるかどうかは不明だが、これから何代か国書からの元号が続けば、以降、国書から選ぶのが慣例となる可能性もある。全国の書店で『万葉集』が売り切れになるほど注目されたことは、大きな価値が有ったと思う。このようなことが無い限りは、現代においてこれほど『万葉集』が注目されることはなかったろう。

とはいえ、漢籍が無価値になったわけではない。令和が選ばれたことで「脱中国」を果たしたかのように述べる論者もいるが、その意見に対して私は異論がある。漢籍は中国の古典であるが、これを無価値、いや弊害が有るものとして焚書したのは毛沢東《もうたくとう》であった。しかも、文化大革命では漢字を記号化し、多くを一つの字に集約させ、若者が古典を読めないようにした。現代になって中国共産党は「孔子学院」なるものを世界に広めようとしているが、噴飯ものである。

他方、漢籍を学問の基礎とし、多くの知識人が子供の時から学ぶべきものとしてきたのは日本であった。それは天皇も例外ではない。皇族は幼い時から四書五経をはじめ、多くの漢籍を学ぶことが義務付けられていた。大正天皇は多くの漢詩をお詠みになったことでも知られている。

日本文化は漢籍の影響を受けているし、また中国人よりも親しんできた日本人としては、漢籍文化の担い手としての気概を持つべきではなかろうか。幕末から明治にかけて、外来語を次々と翻訳し、「演説」「自由」「人民」「共和国」などの漢語を作り出したのは日本人だった。それが中国に輸出されて、和製漢語として今も使われている。現代中国では、学術分野の熟語のおよそ七割は和製漢語であり、彼らの国号である「中華人民共和国」は「中華」以外は和製漢語なのである。人類の歴史上、最も巧みに漢字を使いこなしてきたのは日本人だったといっても過言ではない。

今や中国は日本を凌ぐ経済力を手にし、領土問題などで日本とぶつかる場面も現れてきた。日本の地理的環境からして中国は仮想敵国であり続けるが、実は、日本人が漢籍を学ぶことは国防にも寄与する。

室町時代の正平《しょうへい》二十四年（応安《おうあん》二年、一三六九）、明の皇帝は朝廷の懐良《かねよし》親王の元に使節を派遣し、日本に朝貢するように求めた。勅書は「もし明に朝貢しないのであれば、戦争に備えよ」と、日本を脅す内容だった。懐良親王は朝貢を拒絶し、皇帝への返書も渡さなかった。

その後も明は懐良親王に執拗に朝貢を迫った。親王は弘和《こうわ》元年（永徳《えいとく》元年、一三八一）、明の立場をも考慮した丁寧ながらも力強い返書をしたためる。書簡を受け取った洪武帝《こうぶてい》は激しく憤慨するも兵を送らなかったと記録されている。親王が明皇帝に宛てた手紙の部分要約を紹介したい。

中華王朝にのみ君主がいて、その他の国には君主はいないのか。天地は広いものである。一人の主の独占するところではない。

我々は城郭の数が六十にも満たない狭くて小さい国に住んでいるが、足るを知る心（満足する心）を持っている。他方、明国皇帝は中国大陸の君主となり、数千もの城郭を有し、国の境は百万里に及ぶにもかかわらず、まだ不足の心があり、他国を滅ぼして侵略する意図を持っている。

それは（明でも重んじられている）易《えき》の道に反するので、もしそのような行いがあれば、天は皇帝の運命を動かすのではあるまいか。かつて中華王朝には殷《いん》の湯王《とうおう》、周《しゅう》の武王《ぶおう》のように仁政《じんせい》を施す王がいて、良く国が治まっていたではないか。

もし明国が戦を興すのであれば、我が国は小国といえども防御の手段がある。我々は孔子《こうし》、孟子《もうし》をはじめ（中華王朝で重んじられてきた）道徳の文章を熟知し、また孫氏《そんし》、呉子《ごし》、六韜三略《りくとうさんりやく》などの兵法書も熟知している。もし明国が我が国の境を侵すのなら、我が国にはその備えがある。

もし日本が勝って明国が敗れるようなことがあれば、明国は大恥をかくことになろう。古《いにしえ》より和を講じることを上策となし、戦を避けることを強いこととなしてきた。

私は、民が不幸のどん底に落ちることの無いようにして、民の苦しみを救いたいと思う。明国においては賢明な判断を下して頂きたい。

漢籍を用いて皇帝を批判するところは実に小気味よい。また四書五経をはじめ中国の兵法書までも熟知しているというのは、「中国の用兵はお見通しだ」と言わんばかりである。中華王朝は中華思想に溺《おぼ》れていて、周辺諸国を蛮夷と罵って見下してきたが、日本人が漢籍を熟知しているとなると、侮れないと思うのは自然なことである。日本人が国書を学ぶことは意義深いことであるが、漢籍を学ぶことの意義も大きい。

元号廃止は日本が滅びる時

今回の令和への改元は譲位による改元であるため、改元が国民的な関心の的になった。昭和から平成への改元とは大きな違いが有ったと思う。それにより、若い世代で元号に興味を持つ人も増えたようで、多くの人が元号に親しみを持つ切っ掛けとなったことは喜ばしい。ではなぜ私たちは元号を使用するのだろうか。その答えは二点に集約されると思う。一つは、元号は我が国独立の証であるということである。

元号を立てるのは皇帝の責務とされていたため、かつて中華王朝の属国だった国々は、自由に元号を立てることができなかった。だが我が国は、八世紀前半には律令国家を完成させて中華王朝と並ぶ先進国にのしあがって独立を維持した。そのため、一三〇〇年以上元号を使用することができたのである。元号は中国文化の真似ではなく、日本の独立を示す意味が強かったといえる。

もし戦後に日本が国家ごと解体されていたら、元号の使用は廃止されていただろう。また将来、元号を廃止するとしたら、それは日本が滅びる時なのかもしれない。

そしてもう一つは、元号の使用が便利であるということである。昨年〔平成三十年〕引退した安室奈美恵さんは「平成の歌姫」といわれた。もし元号が無かったら「二〇〇〇年代にヒットした歌手」などというほかない。「応仁《おうにん》の乱」は「一四六七年の乱」、「弘安《こうあん》の役」は「一二八一年の役」、「慶長《けいちょう》小判」は「一六〇一年小判」、「大宝律令《たいほうりつりょう》」は「七〇一年律令」、「天保《てんぽう》の大飢饉」は「一八三三年の大飢饉」。何と味気なく、不便なことか。私たちの周りには企業名や商品名にも元号が溢れている。味があって、便利であるがゆえに元号を使い、親しんできたのである。

（令和元年六月号）

教科書一つで日本は再生する

初めて参加した教科書作成

昨年〔平成三十年〕、私と大学生四人が書いた中学歴史教科書『国史教科書』を文部科学省の教科書検定に提出したところ、「不合格」との通知があった。そのため今年〔令和元年〕の六月に、文科省からの不合格理由通知書と、文科省とのやりとりを巻末に収録して『中学歴史　平成30年度文部科学省検定不合格教科書』という名称で自費出版にて上梓したところ、大きな反響があった。

学校教科書は、各教科書会社が学習指導要領に基づいて作成し、文科省の教科書検定に提出して合格することによって、初めて教科書として認定されるものである。教科書検定では、提出された書籍が学習指導要領に合致するかが判断される。

ところが、学習指導要領は表現が抽象的で、原文を読み込んでもその意味が分からないことも多く、担当官に具体的な説明を求めてようやく理解できることも少なくなかった。

しかも検定官とは、不合格の通知を受けた後に一度だけ面談が許されるだけで、それ以外に検定官と会うことはおろか、電話で会話することも許されない。初めて教科書作成に参加した我々は面食らうことも多く、参入障壁の高さを実感した。

平成三十年（二〇一八）の教科書検定で、不合格の理由として先ず指摘されたのは、神話と対米戦に関する記述が多すぎるという点だった。その他にも教科書検定の基準となる学習指導要領の条件を満たしていない点がいくつか指摘された。概ね形式が整っていないという指摘だったが、学習指導要領がより具体的に書いていれば、防げた点も多かった。第三者が見ても明らかなように基準を明記してもらいたいものである。

そこで我々は、文科省からの指摘を精査し、修正版の教科書を書きあげ、今年〔平成三十一年〕の四月に文科省に再提出することができた。現在、文科省で教科書検定が行われている。もし今回の検定に合格すれば、令和三年四月から中学で使用されることになる。

占領期に削除された天皇の感動逸話

我々が中学歴史教科書を書くに至ったのには理由がある。「このままでは日本がおかしくなる」という大学生たちの思いが私を動かした。私が全国主要都市で開催している竹田研究会の関西の学生部の面々が、中学の歴史教科書を作りたいと申し出てきたのが平成二十九年（二〇一七）のことであった。私も将来教科書作りに関わりたいという漠然とした思いは有ったが、大学生たちの思いを受け、教科書を執筆するチームを編成することにした。こうして『国史教科書』編纂プロジェクトが始まった。

戦後の長きに亘り、中学の歴史教科書は酷すぎた。しかし、それもそのはず、占領下にＧＨＱが定めた「教科書検閲の基準」が、不文律として未だに教科書を縛ってきたからである。

現在は「検閲」ではなく「検定」であってその本質は異なるも、かつての検閲基準に抵触するような内容の教科書は「右翼教科書」「危険な教科書」などと罵られ、たとえ検定に通ったとしても採択されることは難しい。近年は自由社と育鵬社の二社が真っ当な教科書の普及に努めているが、全国的に強いバッシングを受けて、現状でも普及率は四パーセントに満たない。

長年学校教育の現場を仕切ってきたのが日本教職員組合（日教組）であることは良く知られている。しかし、日教組を作ったのがＧＨＱであったことは、あまり知られていないようである。GHQは占領を解除するに当たり、自ら実施してきた占領教育方針を、今度は日本人の手に委ねた。日本が独立を回復した後も、日本人の手で、従来の占領教育方針が継続されたのである。

GHQは「教科書検閲の基準」で次の点を教科書に掲載不可と命じていた。

①天皇に関する用語、②国家的拡張に関する用語、③愛国心につながる用語、④日本国の神話の起源や、楠木正成のような英雄および道義的人物としての皇族、⑤神道や祭祀《さいし》、神社に関する言及、等々（高橋史朗『検証・戦後教育』広池学園出版部）

例えば「我が国」という言葉が「愛国心に繋がる用語」として使用が禁止された。特に注目すべきは「道義的人物としての皇族」は教科書に掲載できなくなったことである。

現在の天皇陛下は第一二六代であられ、歴史上、数多くの天皇と皇族がいらっしゃった。なかには、聞くだけで涙のこぼれる感動的な逸話も多く記録されているが、それらの全ては占領期に削除され、いまだ一つも歴史教科書に戻ってきていない。

また、神話の起源や、神道に関することも教科書に書けなくなったため、『古事記』などに記される日本神話は固《もと》より、神武天皇の逸話も書けず、我が国の建国を書くことができなくなった。従来の日本の歴史教科書は、日本の建国が語られていないという、歴史教科書の前提を欠く大欠陥を抱えていたということである。

第一次安倍内閣で教育基本法が戦後初めて改正され、教育の目標に「伝統と文化を尊重し、それらをはぐくんできた我が国と郷土を愛するとともに、他国を尊重し、国際社会の平和と発展に寄与する態度を養うこと」という一文が追加された。これに従って学習指導要領も改訂され、神話に言及する教科書が作られるようになったのは事実であるが、未だ不十分な内容に終始している。

真っ当な教科書で真っ当な国家へ

このような現状に対する危機感から立ち上がった編纂チームであるが、教科書製作は困難の連続だった。個人の資格では教科書検定に提出することはできないため、教科書を作るための出版社を設立した。平成三十年（二〇一八）の検定は「平成書籍」という名称で申請したが、元号が変わったため、令和元年の検定は商号を変更し「令和書籍」という名称で申請した。

教科書執筆のための企画会議を開いて先ず問題になったのは、予算についてである。プロの編集者数名から聞き取りをしたところ、驚きの事実が判明した。大手が出している中学歴史教科書を見てもらうと、印刷費や営業に関する経費を除いて、純粋に製作費だけでも最低五千万円、場合によっては一億円を要するとのことだった。

特に大きな負担となるのが数百点に及ぶ写真の版権処理の経費だという。写真の版権は一点あたり安くても三万円、高いと二十万円ほど要するため、写真の版権だけで数千万円が必要ということであった。そこで我々は、写真は一枚も掲載しないことを決めた。その結果、版権の経費がゼロになっただけでなく、頁ごとに五万円から六万円要するデザイン料もほとんどゼロに抑えることができた。そして、私と大学生が書いたため、原稿料はゼロである。結果、昨年〔平成三十年〕検定に提出した『国史教科書』は、製作原価を合計一二〇〇万円に抑えることができたのである。

通常の教科書出版社は、多額の費用を掛けて教科書を作成するため、売れないと会社の存亡に関わる。しかし、我々は極めて低価格で作成したため、たとえ売れなくとも構わない。故に「右翼教科書」などと罵られることを躊躇することなく、自分たちの思った通りの文面で構成することができた。

反日の人たちから見れば『国史教科書』は「極右」ということになろう。しかし、それは日本社会全体が左に傾いているからそう見えるだけであり、私に言わせれば『国史教科書』こそ中道の教科書なのである。反日勢力からの攻撃は私たちの教科書が引き受ける。その分、自由社と育鵬社の歴史教科書がより採択されることを目指す。それが国史教科書編纂プロジェクトの目指すところである。

昭和二十年代後半の、共産主義者たちが盛んに武力闘争に励んでいた時代、日本共産党幹部の志賀義雄《しがよしお》は次のように語って武力闘争を批判した。

「なにも武力革命などする必要はない。共産党が作った教科書で、社会主義革命を信奉する日教組の教師が、みっちり反日教育をほどこせば、三十〜四十年後にはその青少年が日本の支配者となり指導者となる。教育で共産革命は達成できる」

我が国は、実際にそのような歴史を歩んできた。だがこれは反対も然りである。真っ当な教科書を使って、真っ当な教員が授業すれば、自ずと真っ当な国家になる。教育一つで日本は滅ぶこともあるし、再生することもある。教科書編纂は、日本再生の切り札になると私は考えている。

（令和元年九月号）

◆資料編

日本国憲法（第一章のみ抜粋）

昭和21年11月3日公布、昭和22年5月3日施行（衆議院ホームページより）

第一章　天皇

〔天皇の地位と主権在民〕

第一条　天皇は、日本国の象徴であり日本国民統合の象徴であつて、この地位は、主権の存する日本国民の総意に基く。

〔皇位の世襲〕

第二条　皇位は、世襲のものであつて、国会の議決した皇室典範の定めるところにより、これを継承する。

〔内閣の助言と承認及び責任〕

第三条　天皇の国事に関するすべての行為には、内閣の助言と承認を必要とし、内閣が、その責任を負ふ。

〔天皇の権能と権能行使の委任〕

第四条　天皇は、この憲法の定める国事に関する行為のみを行ひ、国政に関する権能を有しない。

2　天皇は、法律の定めるところにより、その国事に関する行為を委任することができる。

〔摂政〕

第五条　皇室典範の定めるところにより摂政を置くときは、摂政は、天皇の名でその国事に関する行為を行ふ。この場合には、前条第一項の規定を準用する。

〔天皇の任命行為〕

第六条　天皇は、国会の指名に基いて、内閣総理大臣を任命する。

2　天皇は、内閣の指名に基いて、最高裁判所の長たる裁判官を任命する。

〔天皇の国事行為〕

第七条　天皇は、内閣の助言と承認により、国民のために、左の国事に関する行為を行ふ。

一　憲法改正、法律、政令及び条約を公布すること。

二　国会を召集すること。

三　衆議院を解散すること。

四　国会議員の総選挙の施行を公示すること。

五　国務大臣及び法律の定めるその他の官吏の任免並びに全権委任状及び大使及び公使の信任状を認証すること。

六　大赦、特赦、減刑、刑の執行の免除及び復権を認証すること。

七　栄典を授与すること。

八　批准書及び法律の定めるその他の外交文書を認証すること。

九　外国の大使及び公使を接受すること。

十　儀式を行ふこと。

〔財産授受の制限〕

第八条　皇室に財産を譲り渡し、又は皇室が、財産を譲り受け、若しくは賜与することは、国会の議決に基かなければならない。

象徴としてのお務めについての天皇陛下のおことば

平成28年8月8日（宮内庁ホームページより）

戦後70年という大きな節目を過ぎ、2年後には、平成30年を迎えます。

私も80を越え、体力の面などから様々な制約を覚えることもあり、ここ数年、天皇としての自らの歩みを振り返るとともに、この先の自分の在り方や務めにつき、思いを致すようになりました。

本日は、社会の高齢化が進む中、天皇もまた高齢となった場合、どのような在り方が望ましいか、天皇という立場上、現行の皇室制度に具体的に触れることは控えながら、私が個人として、これまでに考えて来たことを話したいと思います。

即位以来、私は国事行為を行うと共に、日本国憲法下で象徴と位置づけられた天皇の望ましい在り方を、日々模索しつつ過ごして来ました。伝統の継承者として、これを守り続ける責任に深く思いを致し、更に日々新たになる日本と世界の中にあって、日本の皇室が、いかに伝統を現代に生かし、いきいきとして社会に内在し、人々の期待に応えていくかを考えつつ、今日に至っています。

そのような中、何年か前のことになりますが、2度の外科手術を受け、加えて高齢による体力の低下を覚えるようになった頃から、これから先、従来のように重い務めを果たすことが困難になった場合、どのように身を処していくことが、国にとり、国民にとり、また、私のあとを歩む皇族にとり良いことであるかにつき、考えるようになりました。既に80を越え、幸いに健康であるとは申せ、次第に進む身体の衰えを考慮する時、これまでのように、全身全霊をもって象徴の務めを果たしていくことが、難しくなるのではないかと案じています。

私が天皇の位についてから、ほぼ28年、この間《かん》私は、我が国における多くの喜びの時、また悲しみの時を、人々と共に過ごして来ました。私はこれまで天皇の務めとして、何よりもまず国民の安寧と幸せを祈ることを大切に考えて来ましたが、同時に事にあたっては、時として人々の傍らに立ち、その声に耳を傾け、思いに寄り添うことも大切なことと考えて来ました。天皇が象徴であると共に、国民統合の象徴としての役割を果たすためには、天皇が国民に、天皇という象徴の立場への理解を求めると共に、天皇もまた、自らのありように深く心し、国民に対する理解を深め、常に国民と共にある自覚を自らの内に育てる必要を感じて来ました。こうした意味において、日本の各地、とりわけ遠隔の地や島々への旅も、私は天皇の象徴的行為として、大切なものと感じて来ました。皇太子の時代も含め、これまで私が皇后と共に行《おこな》って来たほぼ全国に及ぶ旅は、国内のどこにおいても、その地域を愛し、その共同体を地道に支える市井《しせい》の人々のあることを私に認識させ、私がこの認識をもって、天皇として大切な、国民を思い、国民のために祈るという務めを、人々への深い信頼と敬愛をもってなし得たことは、幸せなことでした。

天皇の高齢化に伴う対処の仕方が、国事行為や、その象徴としての行為を限りなく縮小していくことには、無理があろうと思われます。また、天皇が未成年であったり、重病などによりその機能を果たし得なくなった場合には、天皇の行為を代行する摂政を置くことも考えられます。しかし、この場合も、天皇が十分にその立場に求められる務めを果たせぬまま、生涯の終わりに至るまで天皇であり続けることに変わりはありません。

天皇が健康を損ない、深刻な状態に立ち至った場合、これまでにも見られたように、社会が停滞し、国民の暮らしにも様々な影響が及ぶことが懸念されます。更にこれまでの皇室のしきたりとして、天皇の終焉に当たっては、重い殯《もがり》の行事が連日ほぼ2ヶ月にわたって続き、その後喪儀《そうぎ》に関連する行事が、1年間続きます。その様々な行事と、新時代に関わる諸行事が同時に進行することから、行事に関わる人々、とりわけ残される家族は、非常に厳しい状況下に置かれざるを得ません。こうした事態を避けることは出来ないものだろうかとの思いが、胸に去来することもあります。

始めにも述べましたように、憲法の下《もと》、天皇は国政に関する権能を有しません。そうした中で、このたび我が国の長い天皇の歴史を改めて振り返りつつ、これからも皇室がどのような時にも国民と共にあり、相たずさえてこの国の未来を築いていけるよう、そして象徴天皇の務めが常に途切れることなく、安定的に続いていくことをひとえに念じ、ここに私の気持ちをお話しいたしました。

国民の理解を得られることを、切に願っています。

天皇の退位等に関する皇室典範特例法の概要

平成29年6月9日成立、6月16日公布（首相官邸ホームページより）

この法律は、

① 天皇陛下が、昭和64年1月7日の御即位以来28年を超える長期にわたり、国事行為のほか、全国各地への御訪問、被災地のお見舞いをはじめとする象徴としての公的な御活動に精励してこられた中、83歳と御高齢になられ、今後これらの御活動を天皇として自ら続けられることが困難となることを深く案じておられること

② これに対し、国民は、御高齢に至るまでこれらの御活動に精励されている天皇陛下を深く敬愛し、この天皇陛下のお気持ちを理解し、これに共感していること

③ さらに、皇嗣である皇太子殿下は、57歳となられ、これまで国事行為の臨時代行等の御公

務に長期にわたり精勤されておられること

という現下の状況に鑑み、皇室典範第4条の特例として、天皇陛下の退位及び皇嗣の即位を実現するとともに、天皇陛下の退位後の地位その他の退位に伴い必要となる事項を定めるものとする（第1条）

1．天皇の退位及び皇嗣の即位

天皇は、この法律の施行の日限り、退位し、皇嗣が、直ちに即位するものとする（第2条）

2．上皇及び上皇后

（1）上皇（第3条）

① 退位した天皇は、上皇とするものとする（第1項）

② 上皇の敬称は陛下とするとともに、上皇の身分に関する事項の登録、喪儀及び陵墓については、天皇の例によるものとする（第2項・第3項）

③ 上皇に関しては、②の事項のほか、皇位継承資格及び皇室会議の議員資格に関する事項を除き、皇室典範に定める事項については、皇族の例によるものとする（第4項）

（2）上皇后（第4条）

① 上皇の后は、上皇后とするものとする（第1項）

② 上皇后に関しては、皇室典範に定める事項については、皇太后の例によるものとする（第2項）

（3）他法令の適用・事務をつかさどる組織（附則第4条・附則第5条・附則第11条）

上皇及び上皇后の日常の費用等には内廷費を充てること等（附則第4条・附則第5条）とし、上皇に関する事務を遂行するため、宮内庁に、上皇職並びに上皇侍従長及び上皇侍従次長（特別職）を置くものとする（附則第11条）

3. 皇位継承後の皇嗣

① この法律による皇位の継承に伴い皇嗣となった皇族に関しては、皇室典範に定める事項については、皇太子の例によるものとする（第5条）

② ①の皇嗣となった皇族の皇族費は定額の3倍に増額すること等（附則第6条）とし、①の皇嗣となった皇族に関する事務を遂行するため、宮内庁に、皇嗣職及び皇嗣職大夫（特別職）を置くものとする（附則第11条）

4. 皇室典範の一部改正

皇室典範附則に「この法律の特例として天皇の退位について定める天皇の退位等に関する皇室典範特例法は、この法律と一体を成すものである」との規定を新設するものとする（附則第3条）

5. その他

（1）贈与税の非課税等（附則第7条）

この法律による皇位の継承があった場合において皇室経済法第7条の規定により皇位とともに皇嗣が受けた物については、贈与税を課さないものとする

（2）意見公募手続等の適用除外（附則第8条）

この法律による皇位の継承に伴い元号を改める政令等を定める行為については、行政手続法第6章の規定は、適用しないものとする

（3）国民の祝日に関する法律の一部改正（附則第10条）

国民の祝日である天皇誕生日を「12月23日」から「2月23日」に改めるものとする

6. 施行期日・失効規定

① この法律は、一部の規定を除き、公布の日から起算して3年を超えない範囲内において政

令で定める日から施行するものとする。当該政令を定めるに当たっては、内閣総理大臣は、あらかじめ、皇室会議の意見を聴かなければならないものとする（附則第1条）

② この法律は、この法律の施行の日以前に皇室典範第4条の規定による皇位の継承があったときは、その効力を失うものとする（附則第2条）

【参考】

皇室典範（昭和22年法律第3号）

第4条　天皇が崩じたときは、皇嗣が、直ちに即位する。

即位後朝見の儀の天皇陛下のおことば

令和元年5月1日（宮内庁ホームページより）

日本国憲法及び皇室典範特例法の定めるところにより、ここに皇位を継承しました。

この身に負った重責を思うと粛然たる思いがします。

顧みれば、上皇陛下には御即位より、三十年以上の長きにわたり、世界の平和と国民の幸せを願われ、いかなる時も国民と苦楽を共にされながら、その強い御心《みこころ》を御自身のお姿でお示しになりつつ、一つ一つのお務めに真摯に取り組んでこられました。上皇陛下がお示しになった象徴としてのお姿に心からの敬意と感謝を申し上げます。

ここに、皇位を継承するに当たり、上皇陛下のこれまでの歩みに深く思いを致し、また、歴代の天皇のなさりようを心にとどめ、自己の研鑽《さん》に励むとともに、常に国民を思い、国民に寄り添いながら、憲法にのっとり、日本国及び日本国民統合の象徴としての責務を果たすことを誓い、国民の幸せと国の一層の発展、そして世界の平和を切に希望します。

即位礼正殿の儀の天皇陛下のおことば

令和元年10月22日（宮内庁ホームページより）

さきに、日本国憲法及び皇室典範特例法の定めるところにより皇位を継承いたしました。ここに「即位礼正殿の儀」を行い、即位を内外に宣明いたします。

上皇陛下が三十年以上にわたる御在位の間、常に国民の幸せと世界の平和を願われ、いかなる時も国民と苦楽を共にされながら、その御心《み》を御自身のお姿でお示しになってきたことに、改めて深く思いを致し、ここに、国民の幸せと世界の平和を常に願い、国民に寄り添いながら、憲法にのっとり、日本国及び日本国民統合の象徴としてのつとめを果たすことを誓います。

国民の叡智《えいち》とたゆみない努力によって、我が国が一層の発展を遂げ、国際社会の友好と平和、人類の福祉と繁栄に寄与することを切に希望いたします。

皇室の系図

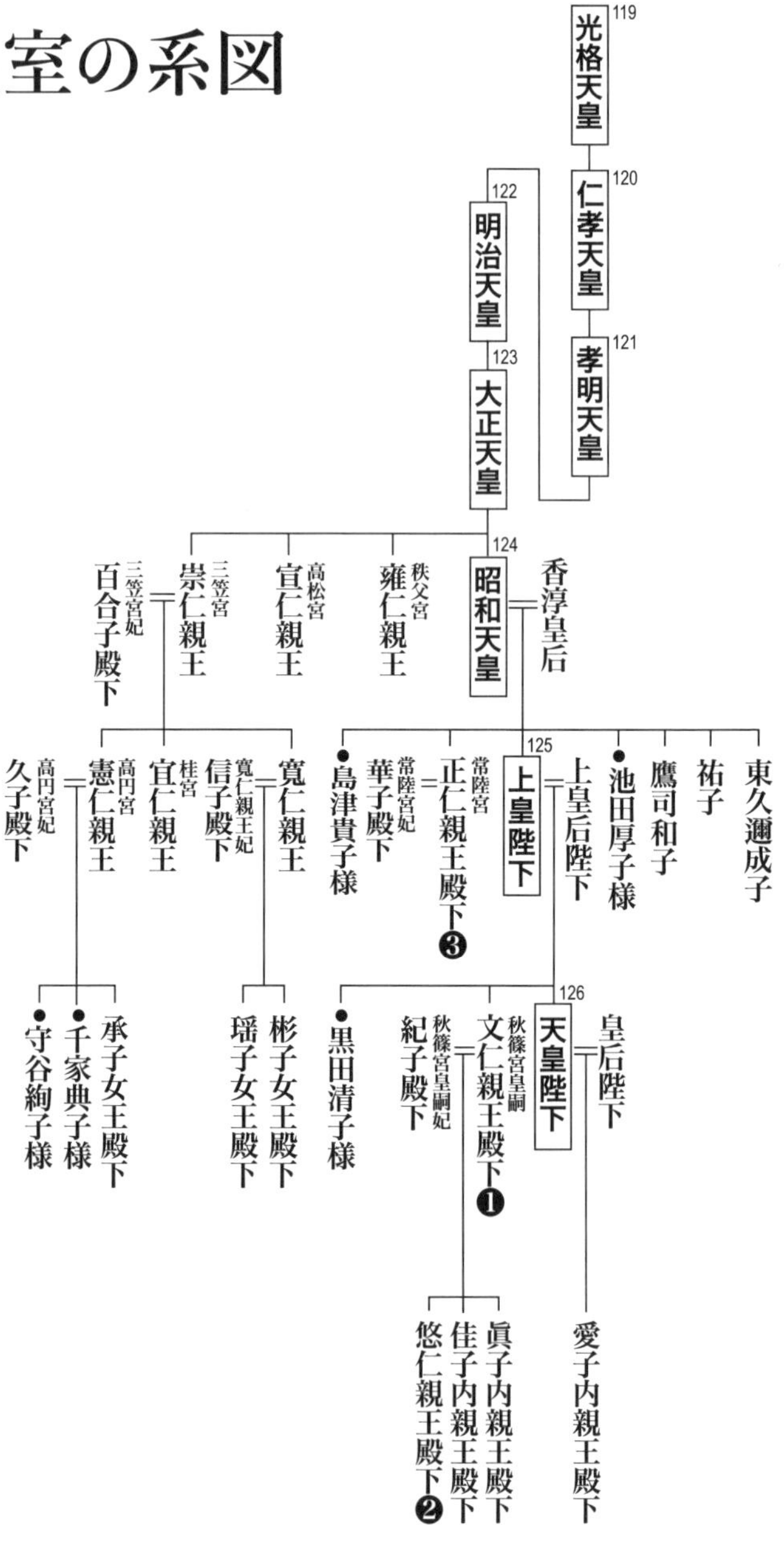

※数字は天皇の代数、白抜き数字は皇位継承順位
便宜上、一部左右が逆転。皇族配偶者など一部略
存命の方には敬称、このうち●は結婚に伴い皇籍離脱

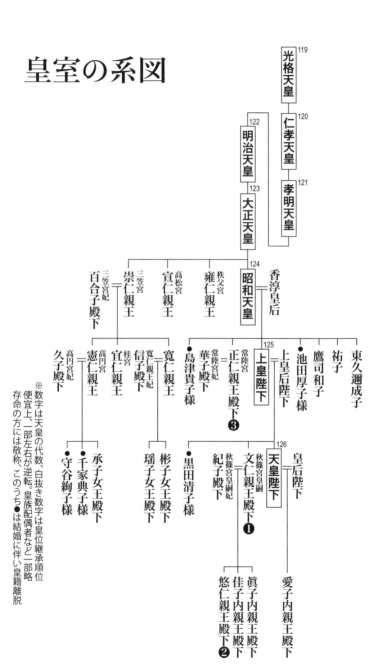

本書は月刊『正論』に掲載された原稿を元に加筆し、再構成しています。末尾に初出の年月を記しました。記載のないものは書き下ろし。一部敬称を略しています。

装　丁　神長文夫＋柏田幸子
ＤＴＰ　佐藤敦子
帯写真　著者提供

竹田恒泰（たけだ・つねやす）

作家。昭和50年（1975）、旧皇族・竹田家に生まれる。明治天皇の玄孫。慶應義塾大学法学部法律学科卒業。専門は憲法学・史学。平成26年（2014）3月まで慶應義塾大学法学研究科講師も務めた。平成18年（2006）に著書『語られなかった皇族たちの真実』（小学館）で第15回山本七平賞を受賞。近著に『決定版　日本書紀入門――2000年以上続いてきた国家の秘密に迫る』（ビジネス社、共著）、主な著書に『中学歴史　平成30年度文部科学省検定不合格教科書』（令和書籍）、『天皇は本当にただの象徴に堕ちたのか　変わらぬ皇統の重み』（PHP新書）、『現代語古事記』（学研プラス）、『日本の礼儀作法～宮家のおしえ～』（マガジンハウス）など多数。

天皇は「元首」である

令和元年 11 月 16 日　第 1 刷発行

著　　者　竹田恒泰
発 行 者　皆川豪志
発 行 所　株式会社産経新聞出版
〒100-8077 東京都千代田区大手町 1-7-2 産経新聞社 8 階
電話　03-3242-9930　FAX　03-3243-0573
発　　売　日本工業新聞社
電話　03-3243-0571（書籍営業）
印刷・製本　株式会社シナノ
電話　03-5911-3355

ISBN978-4-8191-1375-5　C0095
